FOR2

FOR pleasure FOR life

FOR2 39
如果我十五歲：成長是組合的遊戲

作者　郝明義
責任編輯　張雅涵
設計　林育鋒
排版　何萍萍、Isabelle
校對　陳錦輝

出版　英屬蓋曼群島商網路與書股份有限公司台灣分公司
發行　大塊文化出版股份有限公司
台北市 10550 南京東路四段 25 號 11 樓
www.locuspublishing.com
TEL: (02)8712-3898　FAX: (02)8712-3897
讀者服務專線：0800-006689
郵撥帳號：18955675　戶名：大塊文化出版股份有限公司
法律顧問　董安丹律師、顧慕堯律師

總經銷　大和書報圖書股份有限公司
地址：新北市 24890 新莊區五工五路 2 號
TEL: (02)8990-2588　FAX: (02)2290-1658
製版　瑞豐實業股份有限公司

ISBN：978-986-96168-5-0
初版一刷：2019 年 1 月
定價：新台幣 280 元

Printed in Taiwan

IF I WERE FIFTEEN

如果我十五歲

成長是組合的遊戲

郝明義

III

水晶球和夜明珠

IV 時間的區塊化

V 組合自己

結語

前言

1.

我想說的，是有關「組合」的事。

我相信：世界的本質就是「組合」。

以「世界」這個詞來說，就是「時間」（世），和「空間」（界）的組合。

存在於世界裡各種事物的本質，是組合。各種知識、各種創造，本質都是組合。

人類不同於其他動物而有演化，因為會組合。

動物裡，鳥獸的組合能力頂多及於築巢、列隊。

但人類會運用五感，讓自己的組合能力不斷增進，也組合出各種知識；再把知識不斷橫向組合、前後組合。不同地方的組合，形成文化；不同時代的組合，形成文明。

個人也是如此。

我們從搖籃裡接觸奶瓶、牙牙學語，就開始組合。

玩各種遊戲是練習組合，上學是為了學習組合。

識字是組合，算術也是組合。

工作是組合，結婚生子也是組合。

所以，所謂人生，就是我們在探索各種事物組合的過程。

2.

我也相信：組合應該是好奇和快樂的事。

從我們一離開搖籃可以爬行，就把家裡所有觸及的東西打翻開始，證明享受這種好奇和快樂是我們的天性。

如同所有的遊戲應該讓我們感到好奇和快樂，所有的學習也是。說「遊戲是學習，學習也是遊戲」，正是因為這兩者的本質都是組合，而組合應該是好奇和快樂的。

所以，所謂人生，就是我們一直在好奇又快樂地探索各種事物組合的過程。

3.

人生開始於什麼時候？

生理上，開始於我們在母親懷孕的時候；法律上，開始於我們出生的時候，但是心理上，有個因人而異的時刻。

我以前沒有細想這件事。但我知道自己有個和生理年齡不同的心理年齡。

一九七四年，我十八歲。那年我離開韓國，來台灣讀大學。抵達台北那天，松山機場雨夜裡的印象太深刻，形成一種心理「銘記」。所以不論後來實際的年齡多大，我心底一直是十八歲。此事有好有壞。好在於我對人生總保持一種少年的樂觀，壞在總不免輕躁衝動。因而時感欣喜，也時有不安。

去年，因為要寫一個專欄，趁機回顧少年時期，突然意識到在那個十八歲之前還另有一個起點。

我自己主動張望、探索這個世界，開始在十五歲左右。在那之前更早的時候，我和世界的接觸都是在母親的呵護之下；在那之後更晚的時候，我已經在適應世界的運作。

所以，對我來說，人生從十五歲開始主動探索這個世界，有一種特別的意義。

4.

寫這本書，有兩個目的。

一個是回顧那個起點，我自己把那時發生了什麼事想清楚，整理出和後來一路過程的關聯。

一個是想把我相信的這些事情和其他人分享。

所以我希望這本書能有三類讀者。

首先，是十五歲左右的少年。

試讀過我初稿的人裡，有一位十六歲的讀者回了我這樣的意見：

我覺得這本書的受眾絕對不適合十五歲。十五歲是一個準備考高中的年紀，在這個「只有讀書高」的社會中，十五歲被稱爲所謂的衝刺期，有些人整個十五歲都在考試、讀書中，他們沒辦法看課外書，因爲學校嚴令禁止看小說，班級書櫃變成了校務評鑑的「展示品」，自己帶小說會被「代爲保管」。他們也無法學樂器，因爲，平日要讀書讀到晚上十點，假日也是整天都得讀書，如果要學其他的才藝勢必得壓縮到睡眠時間……

他們也不需要學習安排時間，因爲補習班會幫他們安排好一切的時間……

他說的情況我都知道。

正是因為我知道這些情況，才特別想和十五歲左右的人分享。

我相信今天許多十五歲的人，如同我當年，正處於一個好奇湧動，主動張望、探索這個世界的階段。我更看到不同於半世紀前的當年，今天二十一世紀的時代，是每個人和世界的連接都無時無刻不在進行，每個人要組合任何事物的機會和可能都無所不在。

但偏偏在今天的台灣，十五歲的人在考試教育體制之下，大多深處禁錮之中，處於水深火熱之中。太多人沒有對這個世界張望、探索的機會，完全浪費了這個時代豐富的資源。

而如上所述，我說的「十五歲」，並不是指一個絕對的生理年齡。我指的是一個自己想要主動張望、探索世界的階段。對我來說，那個階段發生在十五歲，對別人來說當然可能更早或更晚。所以這位讀者建議，這本書的受眾應該擴大涵蓋到十五歲上下其他年齡的人，一方面我同意，另一方面我還沒他那麼樂觀。我認為今天整個國、高中六年時間，都是在考試教育的禁錮之中。總之，我希望十五歲左右被考試所綑綁住的人及早知道，人生需要另有光景。

第二，是家有十五歲左右孩子的家長。

許多家長的心態和認知，可能是造成這個年齡階段的孩子處於水深火熱的根源。

這本書的結語，有一些人生的組合循環圖。家長至少可以看一下，了解讓這個階段的孩子處於這種狀態，到底會錯過的是什麼，以及就算過了這個階段，其後遺症到底是什麼。

有些家長一直擔心孩子面臨的諸多難題和困惱，希望有人能有同理心地和孩子對話，舒解他們對「青貧」、「邊緣」、「憂鬱」等感受到的壓力。

但我相信面對這些問題，與其逐個議題提供孩子解方，不如讓他們擁有自己組合資源的能力，自己有成長的機會。如果他們能感受到成長的喜悅和心得，就會自己去面對壓力，找到出路。

第三，是其他年齡，但為自己的成長路程而有疑問的讀者。尤其，其他自覺心理年齡和生理年齡有差異的人。

有另外一位讀者這麼告訴我：

每個人心裡都住著一個小孩，在還未完全成熟前，可能就被年紀和人生里程表推進到爲人父母、長輩的位置……面對心靈和年齡尚未等齊的挑戰，有的人眞的越過了那樣的山頭，也順便超越了小時候的陰影，但是大部分人卻沒有那麼幸運……

我要說的是：內心裡住著一個比自己生理年齡小許多的孩子，何不從另一個角度看？如果能一直如同孩子般對這個世界保有探索的好奇和快樂，並且能夠讓這種好奇有系統地成為自己成長的動力，那會不會不但不是壞事，也是自在與幸福的原點？

而不論是對哪一類讀者，我都想提醒一件事。

世界上沒有任何兩個人是一樣的，所以理論上每個人的成長心得都不可能複製給他人所用。

所以不論我講了哪些組合，畫出這些組合的循環順序圖，最後還是得讀者每個人整理出自己重視的組合，畫出自己的圖，據以前行，那才是最趁手的憑藉。

最後並感謝：《國語日報》邀我寫專欄，引動了這本書的寫作；初稿完成後的試讀者，他們給了我大幅修改的許多寶貴建議。

I

好奇與快樂
是一切的開始

探索，都是因為好奇而起。
探索，應該保持快樂。

為什麼是十五歲

為什麼要特別從十五歲談起？

成長經驗告訴我：雖然人的好奇和快樂從小就有，但是到了一個年齡會劃分成不同的階段。在那個年齡之前，好奇和快樂比較像是父母帶來的、培養的；在那個年齡之後，好奇和快樂比較像是自己探索的、開發的。

這個年齡因人而異。對我來說，則是十五歲。

我是一九五〇年代出生在韓國。當時韓戰結束不久，我的父母遷居到釜山。我在那裡長大，一路讀華僑學校。

小學的印象比較模糊。因為校舍的木板牆上塗了些黑黑的瀝青，回憶裡的色調多是陰暗的。陰暗色調的校園裡，因為一位工友老先生獨居在一個夾道裡，大家說他房間裡停了一副棺材，反而記得深刻一些。

中學記得的就多了。

中學離小學不遠。因為學生人數多，校園大，還有鼓樂隊，他們每天早晚演奏的國歌、國旗歌都聽得到。小學時候我母親每天帶我上學、放學的路上，看得到學生上上下下樓梯的身影。那裡像是一個巨人的世界。

那時候的學制，中學又分「初中」和「高中」。如果說小學和中學是不同的世界，那進了中學之後知道，初中和高中又大不相同。高中生都稱初中生是「小孩」。

從這一點來看，由小學進入中學，像是告別父母眼中的「小孩」階段；從初中進入高中，像是告別同學眼中的「小孩」階段。後者更接近所謂的「轉大人」。

而初中三年級，十五歲，正是那個關鍵的年齡點。

我自己家裡發生的事，更加大了這個變化。

照顧、呵護我生活無微不至的母親，在我進了中學不久之後，因病過世。

我原來像是居住在一個有防護罩的世界裡，一切有她打點。母親過世後，我要在防護罩消失之後呼吸冷冽的空氣。自己練習上學、放學，也開始使用零用錢。

雖然我一直要使用拐杖走路，但我的體力成長到可以走得離家和學校很遠，去許多陌生的地方。

我有了自己要好的朋友，逐漸會暗地碰觸些大人眼中的禁忌事物。

週末，朋友會帶我去划船。三、四隻小船一起出發，看誰先划到遠方的離島。不會游泳、腳上穿著鐵支架的我，不時和朋友互相搖晃船身，製造些驚險氣氛再放聲大笑。

我心裡也有了明確喜歡，會思念的女孩子。

我一路飢渴地尋求各種書籍閱讀，對文字有了自己的口味和主張。甚至因為對《老殘遊記》一個段落的解釋與國文老師不同而頂撞，加上後續的衝突，差點被退學。

未來的人生還很遙遠，但是每天早上迎著港口升起的太陽去學校，看著來去的船舶，覺得世界好像也沒多大。

因為我是十八歲來台灣，自己第一次離家生活，所以過去有很長一段時間以為十八歲是我獨立探索人生的起點。但後來發現，應該說十五歲才是。

是十五歲，在那個即將從初中畢業，邁進高中的當口，最奇妙。回頭看，童年已經遠去；往前看，即將開始老成。只有在那十五歲的當口，才是青春的開始。港口的旭日。

高中畢業的十八歲，其實已經太老氣了。十八歲，只是在延續十五歲時候的好奇和探索。

我體會到人生可以透過自己來組合，是在十五歲。

這是十五歲對我的意義。

而每個人都會有個他自己的「十五歲」。

歡唱的音樂

回想十五歲左右的好奇和探索，我先想到音樂。

母親去世後大約一年多，我有了一位韓國繼母。她給我家的生活增加了許多變化，其中影響我最大的，就是添購了一台座櫃型電唱機。

打開櫃門，一盞紅燈亮起，轉盤啟動，小心地把唱針放上唱片軌道，二聲道的立體聲響起，實在太神奇了。

第一次看到那台電唱機的印象，宛若昨日。

我接觸到的第一張唱片，是電唱機附贈的西部電影的輕音樂。電影《鏢客三部曲》的主題音樂從此難忘之外，我也從封套文字上注意到導演和主題曲作家的名字。

從此，我開始了自己的西洋流行音樂（Pop Song）之旅。

很幸運地，在這個旅途上我有個同齡競學的夥伴。很有意思地，他也和我競讀武俠小說。

在武俠小說的路上，我比他啟動得早，在流行音樂上，他因為受兄姐的帶引，比我更早開竅。所以開始的時候都是他帶引我。我記得在他建議下，聽的第一首歌，是 Johnny Horton 的〈All for the Love of a Girl〉，第二首是 Scott McKenzie 的〈San Francisco〉。

在釜山一家唱片行裡親自買的第一張唱片，其中的曲目歷歷在目。

而此後我們開始的競學之旅，就是比誰先聽過哪首歌，哪個歌手，哪個相關的故事。每隔一段時間，排比也爭辯一下哪首歌是最棒的。

這樣，我們一路收集各路歌手、樂團的名歌，也互相較量自己認為的「遺珠」。

我開始對 Elvis、CCR、Beatles、Hollies、Moody Blues、Deep Purple這些名字感興趣，也要努力去找些雜誌報導來看。又為了跟唱那些英文歌，努力地查字典、學英文。這樣，連帶對一些英美文化、世事背景也有些碰觸。

如果說小說像是給我打開了張望世界的窗子，那音樂就像是幫我開啟了許多門，把我和現實世界聯結起來。不只是因而知道了許多歌曲、樂團和歌手、圍繞著他們發生的事情，也幫我和當時韓國的真實世界的生活聯結起來。

譬如，進出唱片行，開始跟老闆搭訕，請他指點新知。也因為要競買唱片，開始注意怎麼善用零用錢。

又譬如，為了「瞻仰」我那位競學夥伴家裡兄姐收藏的唱片，經常要去他家。他們家在釜山是個著名的南北貨商行，四合院。臨街的一面是店舖，樓上是賭場，四合院最深的裡面是個倉庫，倉庫的最邊間就是他老哥帶頭，孩子們玩樂的天地。

我在那裡聽音樂，也抽了生平第一支香菸。

不久，我也開始彈吉他。迷上了 Beatles 之後，等到可以自己抓著吉他大吼「Don't Let Me Down」的時候，那種興奮和快樂難以言喻。又有時候「走唱」到那棟後倉庫裡，用吉他取代電唱機成為大家同樂的泉源，那種成就感也是難以形容的。

吉他不只是我中學階段的「知己」，也是當我高中畢業來台灣的時候，唯一陪伴的「家當」。載著所有的氣味、體溫、回憶。吉他繼續陪伴了我大學四年，畢業後又陪伴了我至少五、六年。音樂讓人歡樂，又讓人孤獨。

人的五感雖然都承載記憶與感受，但是就感性而言，我覺得難以有音樂帶給聽覺的豐富。

音樂和記憶的連接又奇妙。留下印象的音樂，不論相隔多久之後，只要第一個音符響起，就能震醒你所有的回憶，把當時的時空場景、衣香鬢影，全部喚醒；把隱匿在心底的情緒掀起波浪。

二十一世紀數位和網路載體的發達，源頭之一就是音樂。因此今天音樂不只方便聆聽，也方便創作。

我告別了吉他快三十年之後，因為平板電腦上的軟體和它又重續前緣，現在把編曲當作週末重要的自娛活動，讓自己的感官有文字以外的馳騁原野。

很感謝當年十五歲的我送來這個禮物。

我相信每個人都該趁自己年少的時候至少玩一種樂器。

棋子如寶劍

十五歲左右，我還很幸運地愛上了圍棋。怎麼開始接觸圍棋的，現在想不起來了。有可能是因為象棋而起的。我們班上一位同學，對象棋超級靈敏。他可以同時跟三四個人下，把大家殺得落花流水。不知道是否因為我們先在象棋廝殺，發現怎麼都贏不了他之後，就另闢戰場下起了圍棋。

不管怎麼說，他的圍棋就沒那麼厲害。彼此有輸有贏，不時還可以超前，當然就更擴大了下圍棋的樂趣。

這樣，很幸運地，我在下圍棋的路上另有競學的夥伴。兩三位家住得很近的同學，經常放學之後就廝殺。

韓國的夏天，路旁經常有人下棋，圍觀的人一堆。我到後來下得比較好的時候，有時候在旁邊看得興起，也會鼓起勇氣去挑戰一盤。

簡單地說，圍棋的規則就是比賽佔領空間。棋盤上一個個格子，代表一個個空間。下到最後，看誰佔領的空間比較大。

因此，下圍棋就是比賽做兩件事。一件事情，是搶在對手還沒下的地方，先佔一塊空間。所以要注意：這個空間要儘可能地大，但又不能大到露出空隙，讓對手鑽進來。

另一件事情，就是看對手想要佔領哪塊空間，去破壞他的佔領；或是設法鑽進他已經佔領的地方，減少他佔領的空間。所以要小心：不要被對手包圍吃掉。

因此下圍棋要看很多書。有些書是主要教你怎麼佔空間，叫作「定石」。有些書，主要教你怎麼把對手鑽進來的棋子都吃掉，或者反過來說，教你怎麼鑽進別人佔領的空間不要被殺掉，叫作「死活」。

還有些書，看高手曾經如何對戰，叫作「棋譜」。

光看書，當然不夠。一定要實戰。看書，比較像是練功；實戰，就是對打了。

這樣，不停地看書、找人較量，惦記著認證自己棋力的進步，真是美好的回憶。有點像是武俠小說裡的情節，躲在山洞裡練功，然後出來找人廝殺，殺完了就再回去練功。棋子如寶劍。

可是，在韓國下得津津有味的圍棋，來台灣之後就沒再下了。比吉他還更早放下，一擱擱了四十多年。

也因此，我和日本圍棋本因坊得主王銘琬雖然相識多年，從沒敢動念跟他請教一局。直到去年，因緣際會，在他讓我三子的情況下，對弈了一局。終局之後，王銘琬說我有段級的實力，一方面讓我飄飄然，一方面大感驚奇。

因為當年我要離開韓國的時候，棋力就在一級和初段之間，所以怎麼會荒廢四十多年之後還保持那個狀態？

後來讀王銘琬所寫的一些書，想到了原因。

因為圍棋又名「手談」。雙方在棋盤上佈子，展現的都是各自的個性、習慣。

譬如，雖然目的都是為了佔領比較大的空間，有人喜歡「大處著眼」，先佔比較大也比較鬆的空間，然後防禦對手來破壞；有人則喜歡「小處著手」，先佔比較小也比較紮實的空間，然後去破壞對手的領土。因為各人偏好不同，下棋風格就不同。

手談，就是你一手我一手，彼此用不同的思考風格在對談。

我發現，自己多年來雖然沒有下圍棋，但是對於「大處著眼」和「小處著手」這兩種行事風格的思考和運用，卻幾乎是無日不在。

不論在工作的決策還是知識的獲取上，「大處著眼」和「小處著手」

總要交替而行。

「大處著眼」，就是走自己的路，讓自己眼界開濶，不要被一些小事絆住，相信掌握大局，小地方露出一些漏洞也不在乎。

「小處著手」，就是一旦要處理一些瑣事，面對實際的泥濘，那就不要怕麻煩，一定要把各種最壞的可能都預想到，拚了命地廝殺到底。

回顧過去，我相信中學階段下圍棋的經驗，同時鍛練我這兩種不同的思維，對我後來的日常運用大有助益。而多年來雖然沒有再下圍棋，但因為隨著人生閱歷的拓廣總把這兩種思維交互運用，所以重新下棋也不是白紙一張。

有人說游泳是一旦學會就不會忘記的事情。顯然下圍棋不但也如此，還更有神奇的助益。

我非常推薦大家都下圍棋。

幾何對打

音樂、圍棋等其他探索，我都有競學的夥伴，有一起切磋的快樂。但我還有一樣很孤獨，只有自己享受的快樂。做三角幾何習題的快樂。

回憶中，那個快樂的極致，就是冬天的下午，在院子裡灑著暖暖的太陽，沉浸在各式各樣的幾何圖形之中。

在學校的功課裡，我雖然喜歡數學，但是幾何對我有完全不同的意義。剛學代數的時候，我記得開始的幾堂課還有些轉不過彎來，但幾何不是，從第一堂我就為之著迷。

教幾何的是一位王兆忠老師，肚子有點大，臉和身體都圓圓的。

王老師有一手黑板絕技：他畫的圓，不論是大的，小的，永遠一筆成形，像圓規畫出來的；畫三角形、平行四邊形，不論橫豎斜邊，都像是用直尺畫出來的，筆筆到位，沒有任何多餘。

我在他的引導下，進入了線條、形狀和空間的世界。銳角、鈍角、等角、等邊、等腰三角形、相似三角形、內切圓、旁切圓等等，sin、cos、tan 等等，像一個逐漸亮出形狀、神奇無比的宮殿，讓我的眼睛越睜越大。

左顧右盼，一般說起來不是那麼正面的說法。但幾何最迷人的正是要不斷地左顧右盼。在那麼多圓形、方形、三角形構成的圖形中，不斷地從邊、角、軸尋找它們之間相等、相交、相似之處，整理它們的關係。

解幾何習題，成了我瘋狂的樂趣。本來，我們上的是華僑學校，用的是台灣課本，用不到韓國學校的參考書。但是為了解幾何習題，我去買了許多韓國中學生用的數學參考書練習破關。

月考的時候，王老師都出五題，每題二十分。後來，他偶爾會說：「這一題是專門出給郝明義的。」宣戰的時候眼神裡帶著笑意。這一題成了我和他的個人對決，我當然更要勤練功夫，也在對決中經常取勝。

我在班上的課業成績算是前段的。但其他課業，我只是前段之一而已，而幾何，我是最前端。做幾何的好奇和樂趣，我也沒有競學，只有自己。所以獨自曬著冬陽做幾何的記憶如此深刻。

中學的時候，做其他課業的習題，我覺得像在鍛練記憶力，不感興趣。但是做幾何習題，像是推理，也像對打。那些線條、三角、多角、圓形構成一個陣式，看你如何找出其中最隱密的關聯，一舉破解。

其他課業的習題，經常難在冷僻，我對做那些冷僻的習題不感興趣。但是幾何習題，我喜歡越難越好。因為幾何裡各種難解的關聯，沒有冷僻與否的問題，只有能否透視的問題。

我認為，其他的數學可以不喜歡，但不能不喜歡幾何。幾何不只是數學，也是我們思想裡很特別的一個部份。

幾何讓我們認知形狀與空間的關係，其實就是讓我們認知事物的關係——如何追尋事物之間的共同點、相似點、聯結點，來了解它們之間的關係。有時候，我們需要把多個小事物聯結起來看；有時候，我們需要把一個大事物切割成多個小事物來看。

幾何，也是理性和感性兼顧的功課。理性，是你要保持最清醒的邏輯，記著一些定理，運用銳利的觀察，像跳躍在河裡的石頭上一樣，找出一條途徑，抵達彼岸。

感性，是在你看不出途徑的時候，要像偵探推理一樣地對待那些線、角、圓。坐在河邊，聽著風、看著草，你們到底在說些什麼呢？你呆呆地在那裡發愣，然後，忽然，河裡不知哪裡閃動一下光亮，你起身一躍，果然是立足點，再兩三下，你已經到達對岸。

當年的幾何對打，對我有很多當時不知道的幫助。

直到今天，我在工作上，或是寫文章的時候，總喜歡從一些複雜的事情之間找出彼此的關聯，也享受那個尋找的過程，應該都和我當年喜愛在那些邊、線、角之間的尋找有關。

不一樣的朋友

回想少年時期的快樂，還有一個是我交了許多朋友。在音樂、圍棋、小說的同好之外，許許多多在生活、課業背景上沒有任何共通之處的同學，成了朋友。

因為拄拐杖，加上鄰居都是韓國人，我的同齡朋友出現得很晚。小四的時候，班上多了兩個外地轉來的同學，正好他們家也搬來我家附近。於是，放學後，我家門口開始有人喊我的名字，叫我出去玩。

這兩個朋友像是橋樑，串聯我認識了周遭更多可以玩在一起的孩子。我逐漸出去在巷子裡和他們玩捉迷藏之類的遊戲。跑不過人家，我往往只能選一個最隱密的角落，等大家苦尋不著，願意特別放我一馬的時候，才出來自首。

不過，在小學畢業之前，我這些活動範圍，都在學校和家附近。要說離家去比較遠距離的地方，印象最深的是小六時候的事。一個假日，我們一群孩子由一個大姐頭帶領，遠征去看馬戲團。我記得馬戲團的帳蓬很大，那天的太陽很大，地上的沙子很多，但不記得怎麼走了那麼遠的路。大姐頭倒記得，多年後她說那天是她揹我回來的。

但是進了中學之後，我對朋友的認知和記憶都完全不一樣了。如我前面所言，這和我母親去世有關。

她提供的防護罩消失之後，我開始要直接面對外面的世界。我記得生平第一次使用口袋裡的錢，和其他同學去排隊買燒餅夾包子當午餐，一口咬下去的滋味。

也因為交往了更多的朋友，所以世界沒讓我覺得風寒，反而感受到新奇。

我的朋友不再只是鄰居玩伴，還包含了來自同班、其他班，甚至釜山之外其他地區的同學。這些不同背景的同學，提供了我好奇張望這個世界的不同角度。

第一次進入外地「住宿生」宿舍的情景，很難忘。除了空氣中有股怪異的氣味之外，有人坐在床上端著一個飯盒，裡面只有一些白飯就在那裡大口大口扒著吃。對於未曾離開家門的我來說，那是一個震撼。

這些朋友，不只有老師眼裡所謂的「好學生」，也包括所謂的「壞學生」；有發育比較快，個頭比較大當「老大」的，也有比較小，當「跟班」的。

他們帶我一起參加各種遠足、旅行，也經常划船載我到遙遠的小島。他們讓我看到怎麼比拳頭硬、誰比較會打架。他們也帶我一起偷偷嘗試了許多師長認為是禁忌，但是在少年人心中總是好奇的事情。

這些朋友沒有因為我行動的不便而用任何異樣的眼光對待過我，而是很平常心地把失去母親之後的我引進「正常」社會。

回想少年時期交往的朋友，覺得「血氣方剛」真是一句生動的成語。在十五歲前後那個身心都產生巨大的成長變化的階段，當真生命是熱情的，血液是滾燙的。

所以，中學的朋友，和小學的不一樣。

小學是玩伴，中學是夥伴。可以做任何事的夥伴。

小學的朋友帶來的生活裡的變化，像是加法；中學的朋友帶來的變化，像是乘法、指數。

人生許多轉折，都是因為在這個青春期交往的朋友而發生的。

很多時候，只要有那麼一個朋友在身邊的陪伴，就覺得整個世界都是自己的。也有時候，可能只因為那一個朋友，世界就整個翻落。

我很幸運，當時交往的許多朋友，讓我看到世界的各種光影，引動我更多好奇，也幫助我相信這種好奇可以一直持續下去。

外語的聲音

學習外語，是少年時期適合做的事。

我的出發點不是為了什麼日後工作上有個長處，而是說學習語言最能體會組合的樂趣，尤其學習外語。

學習母語雖然也是在組合中進行，但是因為那種組合在一種自然的環境中從小發生，可能感受不到，或者記憶不到組合的過程。到了少年時期要學習外語，那種組合過程中的難處和快樂，就都跟著印象深刻起來。

我在進入中學之後開始學習韓文和英文兩種語言。很幸運地，兩種外語都遇上了好老師引導了學習的樂趣。

教我韓文的是我們的級任導師池復榮。池老師個子矮矮的，戴圓圓的眼鏡，神色和藹。她講一口流利的中文，但不是中國人。她父親是韓國抗日名將，因此她在東北成長，輾轉中國大江南北。

因為池老師兼通中韓兩種語言，所以自己編了一本韓文教科書，方便她教我們這些華僑子弟學習韓文。

我因為小時候周圍鄰居都是韓國人，沒有來往，所以直到中學自己獨立活動之後才開始使用韓文，也正好跟池老師從課堂上學習韓文。

韓文學習的一個難關，在動詞最後一個字母會隨子音或母音的不同，加上時態的變化，在發音和書寫的字形上都產生變化。池老師教的方法，很清楚地說明了這些變化的規則。所以我記得學習韓文的樂趣，不是來自日常的應用，而是來自那些組合。

我的英文，則是一位陳維雲老師啟發了學習的興趣。和學習韓文我喜歡組合那些字尾的變化不同，陳老師讓我感受到聽英文發音，把英文朗聲讀出來的快樂。

當時學英文的環境，和今天完全不同。今天有無所不在的網路，如果要學英文，是隨手可得。或者說，簡直英文無處不在，不學都不行。

而一九六〇年代末，可以選擇的英文讀物少之又少，課外唯一可以練習聽英文的是駐防韓國的美軍電台，但是美軍電台的內容又太過遙遠。

所以，跟陳老師上英文課，最大的受益是，聽她把看來很可怕的課本上的英文也能唸得那麼好聽，自己也就想要跟著抑揚頓挫地唸一遍。

當然，等到我開始迷上西方流行音樂，整天跟著唱片裡的歌詞打轉的時候，學習英文在聲音組合上的樂趣也就跟著更擴大起來。

那個時候，學校裡說起誰的英文不錯，都會說他或是她在背什麼字典、詞典之類。我也記得自己在初中三年級的暑假，很努力地把一本名叫類似「萬用英語生活詞典」的書背了一遍。

這樣等到進了高中，另一位教了我們三年英文的趙嵩超老師，正好銜接上我對英文文法的組合興趣。

用今天的話來說，趙老師就是一個「文法控」。上他的英文課，沒有什麼對發音或朗誦的記憶，記得的都是他在黑板上不斷地拆解文法，把各種主受詞、時態、單複數的關係當一個謎題來分析、解剖，在一些關鍵點上用力地畫大大的圈圈。

後來回想，我先跟陳老師學英文的發音，再跟趙老師學文法，真是最好的順序組合。如果是倒過來的順序，事情可能就大不相同。

今天網路這麼發達，學習各種語言的工具如此方便，處於中學六年時期的人，正好應該趁著年少，盡可能多學幾種外語。外語學習得多一些，對不同語言的組合方式多一些體會和認識，會滾動式加大再學習更多外語的可能。換句話說，也就是對語言的組合元素、順序和節奏有了更多的掌握之後，自然就方便進行更大其他語言的組合。

我說多學習一些外語的目的，當然不是為了成為語言學家，而是為了透過多一些外語多開一些門戶，知道不同文化裡的人各自在生活、思想上的組合元素有什麼特色，各自的順序和節奏有什麼值得參考之處。

所以，學習外語在工作上的有利，不該是主要目的，而只是這個過程裡自然產生的結果，甚或副產品。

少年時期保持對學習外語的好奇和樂趣，會是日後莫大的資源。

我的拐杖

少年時期，也是對自己的身體產生好奇和探索的階段。因此，就一個男生來說，如何鍛練身體，會是一個關注的焦點。我雖然拄拐杖，行動不便，但是回顧十五歲前後，我有大量鍛練自己的方法。

我愛拉單槓，玩雙槓。單槓我拉最高的那個，需要同學幫忙，把我抬高到雙手可以抓住單槓。因為腰部無法使力，所以都是靠雙臂的力量拉。正手拉完，反手拉。

雙槓比較方便，我可以扔下拐杖自己上去。不斷把身體甩動的幅度極大化的感覺，很自由。所以我喜歡雙槓更多一些。

但我真正的鍛練還是用拐杖走路。

小學時候，因為體力不足，走不了多遠。坡度比較大的路，更走不了。

我家到小學有一個將近六十度的土坡。晴天都難走下去，雨天輕則泥濘不堪，重則泥流滾滾，就更不必說。所以母親要帶我繞遠路，走一條地比較平坦又結實的小巷子。

進了中學，母親又去世之後，我的生活圈拉大、活動範圍拉大。不知不覺中，我拄著雙拐運動的距離和方法，也都在拉大。

我可以走比那條巷子遠幾十倍的路也沒有問題。

只要不下雨，小心一點，我可以在那個陡斜的土坡上上下下。

我還盡可能把使用拐杖的用途，或者說遊戲，擴大。所以我能雙足不落地，在騰空的狀態下，拄動雙拐前進十幾二十步的距離。這個動作難度不小，好奇的同學不時會要我表演一下。

我也要練習在摔倒的時候，如何盡量減少別人的攙扶也站得起來。如果身旁有人幫忙，只要立起一根拐杖，我就可以拉著它站起來，那是最容易的。我還得練習在完全沒有人協助的情況下，看自己可以怎麼站起來。

這要以趴在地上的姿勢，先把兩隻拐杖直放到身體前方的位置，然後兩手握好拐杖，借助拐杖底端和地面的接觸點使力，使拐杖稍微離地一點，和地面形成一個角度成爲著力點。如此，一點一點，就可以從地上站起來了。

我記得第一次練習這一招的時候，是個夏天。那天路上都沒有人，不像平時總會有人過來幫忙。我就只好如此嘗試。

我從太陽曬得火燙的地上，慢慢把雙拐一點點撐出一點點角度，一點點把身體撐高一點再撐高一點，到最後終於站起來的時候，滿頭滿臉的汗水根本看不清前方。全身都濕透那就更不必說。

使用拐杖走路，冬天另有挑戰。

釜山因為是海港，所以冬天氣溫並不是很低，也不下雪，只是寒風刺骨。

離開釜山多年後，有次冬天回去，在戶外才沒幾分鐘，手就凍僵了。這讓我不由得好奇一件事：以前我在那裡到底是怎麼過的呢？

我記得教室裡有生火爐。也記得進了教室要先找個地方把凍僵的兩手搓暖和一些，才能去烤火爐。但是靠著凍僵的兩手拄著拐杖到處行走，是我後來所沒法想像的難度。

說是氣溫不低，但起碼也有攝氏零下五、六度到七、八度。所以街上很多地方會結冰，厚薄不一。

我當然會繞開結冰的地方走。只是總有繞不過的地方。如果面積不大，我就乾脆硬闖。這要深吸一口氣，好像把自己提起來一般，讓拐杖底端的膠皮墊和結冰的地方儘量垂直相交，而不要有斜度，逐步挪動。

這樣行動的難度，和夏天那次我摔倒再自己爬起來的經驗相比，只多不少。所以由今天的我來回顧，真想不通是怎麼辦到的。

但不論怎麼說，拐杖是我的行動「雙槓」。我無時無刻不在使用。我一直覺得，直到今天我的體力還不錯，都和少年時期使用拐杖的鍛練有關。

另一種空手攀岩

我有意地使用拐杖鍛練身體，也會觀察鏡子裡的身影，注意各部位肌肉的形狀等等。

但另外有件事情是完全不在我心上，當時沒有任何注意，日後也是要到幾十年後才發現，連自己也大惑不解。

那就是我為什麼要去「登山」？

這裡說的登山，是走一些又高又陡的階梯。

釜山是山城。到處都是坡道、階梯。階梯有水泥鋪的，有石頭砌的。

除了少數地方，絕大多數都沒有扶手。

從我自己用拐杖行走來探索這個世界開始，先是在平地擴大範圍，接著就是往高處延伸，上階梯了。

上階梯的時候，如果有扶手，可以正面上去。但如果沒有扶手，正面上不去。我必須背向側身，先靠一邊拐杖用力，把身體撐上一階，再收回另一邊拐杖。如此逐階而上。

這樣，我從五、六階的階梯開始上，越來越多。有的時候自己，有的時候有同學陪伴。十幾二十階是小事，最多一次去池老師家，有六、七十階。

因為我是背向上階梯，所以當我在這麼上去的時候，看到底下經常有人路過就佇足觀望。看著他們好奇的眼神，當時我心底總會咕噥：這有什麼好看的。

直到最近兩年，回想當初，我才突然意會到那些人為什麼會佇足觀望了。

想想看那個畫面：一個毛頭孩子，拄著拐杖在高高的石階上背向攀爬，一階一停，慢慢往上移動。有些石階是水泥砌的還好，有些還是大小不一的石頭堆成。

這個場面，已經不是高難度，還是說用危險來形容就可以，簡直可以說是在玩命。任何地方萬一失手，從那麼高的石階摔下來，只有送命一途。

如果在現場，我也會想多看兩眼，這個孩子到底在幹嘛。又沒法出聲叫他，制止他，以免驚嚇到他。

那應該可以說是一種特技表演。

但是為什麼都不害怕呢？

後來的我，努力追索記憶，實在想不明白。我記得那些大小不一的石頭堆成的階梯，其中有些還雜有光滑的鵝卵石。但是我想不起自己有擔心拐杖踩上去可能打滑的恐懼，而只記得如同空手攀岩的人，觀望哪個縫隙才是下手之處。
今天，不要說我的體能已經完全做不到背向攀登階梯這件事，即使有，我也根本不敢玩這種遊戲。
我完全不知道當年的我為什麼敢這麼做。
但事後歸納起來，不論是想要挑戰冰上行走，還是努力攀登一階階石梯，應該都是因為少年時期對自己體能的好奇，對自己行動範圍可以延伸到哪裡的好奇。

我沒有拄著拐杖登過山。對我來說，這些嘗試也許和登山沒什麼不同。總是想看看這次還可以突破哪些限制，有哪些新的體會。不必說，那時候的我沒什麼多餘的體脂。因為用的拐杖是木頭的，所以每兩個月左右就因為破損而要重換一副。
現在我坐輪椅，也會游泳，多了其他運動的可能，這些事情已經遙遠得像是前世。只是，檢索記憶中自己曾經做過這些嘗試的片段，有一種隱約的欣慰。一來，畢竟那是只有少年時期的勇氣才會驅動出來的事，二來，感謝那時敢於進行的許多探索，使我把後來嘗試更大的移動沒有視為畏懼，而是當然。

我很慶幸自己少年時期經由拐杖的運動，對自己探索這個世界的能力產生了信心。

是這種信心，讓我得以繼續保有好奇。

II

移動、閱讀和組合的關係

我們因為對周遭環境的好奇，而開始組合；
因為在原地的組合有一定的局限，而開始移動；
因為移動也有局限，需要閱讀。

積木告訴我們的事

人都喜愛「組合」這件事，看為什麼那麼多兒童和成人都愛玩積木，就知道了。

一塊塊小積木，卻能堆疊出形狀不一、體積擴大的東西，其中的神奇，令人著迷。

組合，可以解釋所有學習的本質。

我們玩積木，是把有形的物件不斷地組合。我們學習，是把無形的知識不斷地組合。

所有的學習，都是經由我們已知事物的組合，來理解過去未知的事物。

學習語言，都是在學習組合。

中文是方塊字，我們就是學了一個又一個的字之後，不斷地組合。西方的音表文字雖然和中文不同，學習起來也是透過組合。知道字首、字尾是組合，學習文法裡的主詞＋動詞＋受詞的句型，也是組合。

語文如此，數學當然更是如此。加法就是最基本的組合。

總之，學習的核心就是組合。可以享受組合的樂趣，體會組合的竅門，就可以掌握學習的核心秘密，不論接觸任何新的知識，都可以透過這個方法來進行。

那，什麼是創作或創造？有沒有什麼說法可以解釋所有創造的本質？

也是組合。

我們不是上帝，沒有什麼事情可以真正無中生有地創造出來。

創作或創造，也都是利用、經由這世界上既有、現有的許多事物、知識來進行組合。

所謂的無中生有，其實大多是把一些別人沒有注意，或不理解意義的東西組合起來，產生了前所未有的美感、便利、力量。

也因此，牛頓說他因為「站在巨人的肩膀上」才看得更遠那句話，不只是對科學家而言有道理，對我們每個人也是如此。

總之，創造的核心也是組合。可以享受組合的樂趣，體會組合的竅門，就可以掌握創造的核心秘密。

不論是寫一篇文章，做一首音樂，畫一幅畫，蓋一棟房子，發明新的家用電器、交通工具，還是開一家公司、建造一座城市、建立一個國家，都離不開透過組合各種元件或元素來進行。

只是，我們玩積木的時候，用來組合的元件都是他們生產出來的整齊劃一的積木片，人人只要買就有，而真實世界的組合不是。

真實世界可以使用的組合元件，可以無所不包，但必須各人自己尋找。

各人知道的元件不同，找得到的元件不同，可以組合出來的東西就不一樣。

見識過其他人組合出來的東西不同，所以自己能想像的組合也不同。我們生活的方式，決定我們對組合元件的掌握，以及對組合的理解；我們對組合元件的掌握，以及對組合的理解，決定我們的生活方式。（接下來，我會視情況交替使用「元件」或「元素」的說法。）

所以，人需要旅行，行萬里路；人需要閱讀，讀萬卷書，這都是為了讓自己知道更多可以組合的元件或元素，掌握更多組合的方法。

組合需要對立和矛盾

在組合的方法裡，怎麼把對立和矛盾的元件或元素組合起來，是一個關鍵。

任何事物的組合，先容易想到類似的、相同的累積。但如果只有同類物件或元素的組合，很快我們就會感到無趣、厭煩。就像玩積木，我們一方面需要把相同顏色和形狀的放在一起形成基本組合，又喜歡把不同顏色和形狀的組合在一起產生變化。所以，把不同的，甚至對立和矛盾的事物組合在一起，是組合這件事情的核心樂趣。

沒有對立和矛盾的元素，組合就不好玩了。

細想一下，整個宇宙、世界都是因為對立或矛盾的元素、觀念而存在。

光明和黑暗、太陽和月亮、天和地、理性和感性、規矩和自由、動和靜、局部和全部、偶然和必然，都是對立或矛盾的元素和觀念。當然，還有男人和女人。男女之相對，把宇宙需要相對立的元素才能呈現，說明得很清楚。

如果說學習的核心是組合，那麼組合的核心就是把許許多多看起來不相干、相對立、相矛盾的事物、元素、觀念組合起來，不但天衣無縫，還產生新的美感和生命力。

從小到大，整個人生路程，我們都是在練習觀察許多事物之間對立、矛盾的相異，學習如何利用這種相異來進行組合，讓它們搭配在一起會產生奇妙的變化。

小到寫一篇文章，做一道菜，做一件衣服，大到設計一種產品、建立一個工作團隊，要有特別之處，都不免要善用相對立、矛盾的元素的組合。

所謂人要拓展眼界的原因也在這裡。

我們的注意範圍越擴大，能看到各種相異、相對立的事物越多，組合的可能就越多，體會到的力量和樂趣也就越大。

於是，我們就會更樂意去注意、研究、收集許多相異、相對立的事物、元素和觀念，接著又產生許多更大更奇妙的組合。

這樣，不只會形成滾雪球的效果，進入一個良性循環，更重要的是，我們會發現：學習新的知識、事物，不再是壓力和負擔，而可以是一種遊戲中發生的事，自然而然發生的事。

這樣也就自然會走上真正自我學習的路。

這麼看，也就知道我們為什麼不能一直只是在自己熟悉的環境裡活動，只和自己性習相近的朋友交往。因為那就沒法讓我們的組合發生新奇的變化。

我們需要經常有一些完全不同意見、完全不同立場的人站在對立面，才能刺激出自己在觀念、學習方法、工作方法上組合出新的可能。

在這條路上再走遠一點，我們遲早還會發現一件事情：集各種矛盾、對立元素組合而成的，不在其他，而是我們自己。

我們每個人身上，都存在著極為對立、矛盾的特質和觀念。怎麼體認這些對立和矛盾，並能夠善加組合出新的力量，是我們人生最大的課題。

順序和節奏決定一切

組合的方法裡，另一件重要的事，是順序和節奏。

我們經常會看到一些人在組合的時候用的物件、元素都是相同的，但結果卻是天差地別。這是因為各自用來組合的物件和元素雖然相同，但是順序和節奏不同。

順序，就是先後。節奏，就是快慢，以及多少。

寫作是一個例子。

以中文的寫作而言，常用的就是那三千來個字。但是為什麼使用這些個字，李白可以寫出那樣的詩，沈從文可以寫出那種小說，而其他人不行？

他們使用文字的順序和節奏有獨特的風格。

音樂也是一個例子。每個人知道的音符都是那些，但是貝多芬、莫札特這些人創作出來的音樂卻為什麼可以那樣，而其他人不行，也是因為他們使用音符的順序和節奏不同。

隨著年齡增長，經歷的事情越來越多，我們會體認到一點：很多時候，大家處理事情可以運用的物件和元素沒什麼差別，然而，儘管物件、元素相同，組合順序不同，變化就出現了。

想想看，電影裡，拆除炸彈的專家，受到考驗的不都是先剪藍線還是先剪紅線的順序？

十多年前，我因為家人患了一種名為「自體免疫」的疾病，因而目睹醫師治療的過程，親身體會到組合的順序和節奏為什麼重要。

顧名思義，「自體免疫」是一種和免疫系統相關的病。

通常，我們提到免疫系統出問題的時候，大都是指免疫力低下。但「自體免疫」卻不同。這不是免疫力低下，而是免疫力錯亂的問題。免疫系統，像是捍衛我們身體不受外來病菌、病毒的軍隊。「免疫力低下」，是說這支軍隊的武力配備不足，作戰能力不強；而「自體免疫」，卻是這支軍隊經常殺紅眼，不分敵我，錯殺人民，並且擁兵自重，形同軍閥般興風作浪。

因此，如果要對治「免疫力低下」，那就得針對凶悍的外敵，先補充免疫系統的軍火；如果要對治「自體免疫」，卻要善加安撫軍閥，讓他們放下胡亂開火的武器，平靜下來。

所以當醫生在治療患有「自體免疫」病人，發現他有發燒或其他癥狀的時候，首先要搞清楚一件事情：這些癥狀到底是外來病菌或病毒激發的，還是自體免疫作亂所引發的？

如果是外來病菌或病毒激發的，那就要先「攘外」，消滅外來的敵人，給病人提供比較多的軍火，所以要讓他服用抗生素之類的藥物。

如果是自體免疫作亂，那就要先「安內」，平定內亂的軍閥，減少軍閥手上持有的軍火，所以要讓他服用類固醇之類的藥物。

因此，醫生為了判斷需要先「攘外」還是先「安內」，需要進行一系列測試，小心掌握治療的順序。

如果是外敵入侵，卻誤判為內亂，先減少供應軍火，那麼外敵還沒消滅，先讓自己所有軍隊全部熄火，會是災難。

如果是內亂，卻誤判為外敵入侵，大量增加軍火供應，結果就可能造成軍閥更加發狂，四處作亂，也是災難。

何況，很多實際的許多情況是：先有外敵入侵，軍閥也趁機作亂，或者，先是軍閥作亂，造成外敵也跟著入侵。因此，到底怎麼既供應武器來消滅外敵，又要設法讓軍閥的砲火逐漸平息下來，醫生需要小心掌握進行的順序和節奏。當真是如履薄冰。

我因為那次家人生病的經歷，很幸運地見識到一位醫生在治療過程中所展現的順序和節奏，如何一步步從迷霧中看出方向，抽絲剝繭。

他一步步釐清戰爭的起因，有時先是全力消滅外敵，有時又是內外並治，逐步清理戰場，終於撥雲見日，平定了內亂也消滅了外敵。

我因為很近距離，也很仔細地觀察過那位大夫的治療過程，所以從中體會到所有工作的重點，都在順序和節奏。

一二三的步驟，做成三二一完全是另一種結果。雖然同樣的都做了這三個動作，但是結果卻是截然不同。

順序和節奏，決定一切。

專業和跨界

雖然說要有對立和矛盾的元素，組合起來才活潑有趣，但說來容易，在實際的組合過程中，一不小心，或是抓不準，對立和矛盾的元素往往最容易產生衝突，最後使得組合進行不下去，或者即使暫時組成了也會垮掉。

說組合的順序和節奏很重要，也有同樣的情況。

雖然很多人會同意這個觀念，但是實際做起來，這樣的順序和節奏看來有利有弊，那樣的順序和節奏看來有好有壞，很容易令人舉棋不定。甚至，還有可能決定了走這種順序和節奏之後，覺得有問題，所以又想改走另一種順序和節奏，最後章法大亂，成不了組合。

觀念容易理解，但是行動起來困難重重，這就是知易行難。

如何把觀念和行動一致，使組合進行得順暢，需要注意很多細微的方法，並且還需要一再練習，從經驗中體會到下一次可以如何更好的秘訣。

這些方法和經驗的累積，就是專業。

每個人在不同的領域裡累積各自的專業。醫生有醫生的，作家有作家的，漫畫家有漫畫家的，音樂家有音樂家的，蛋糕師傅有蛋糕師傅的，汽車修理專家有汽車修理專家的。

表面看起來，不同領域的專業差異很大。由於不同領域裡組合的物件和元素各有不同的專用術語，所以其他領域的人不容易了解，就會造成門檻。

但是如果我們不被那些看來艱深的術語嚇到，並且願意保持一顆好奇的心去觀察和體會，那可能會發生一件事：雖然我們自己沒法在那個領域進行那些專業的組合，但卻可以體會那些專業組合的美妙在哪裡。

這些美妙，有些是比較外現的，即使沒有聽創作者多解釋，我們也可以體會。

聽音樂正是最好的代表。讀詩也是。我們寫不出李白的詩句，但是可以體會他怎麼把我們熟悉的一個個字透過特別的順序和節奏，組合成那麼奇妙的詩。

也有些美妙，是比較隱藏的，需要聽創作者做些解釋，才能了解其原因。譬如我前面說的那位醫師治療自體免疫病人的過程。

但不論怎麼說，如果我們能保持好奇的心去觀察和體會，即使在不同的專業領域之間，也容易體會到其中共通的美妙。

以上所言，主要是想說明一點：組合的美妙，需要專業，但是也需要跨界的觀察和學習，在陌生的領域體會其他人是怎麼組合對立、矛盾的事物，如何練習組合的順序和節奏，怎麼累積他們的專業。這種跨界的體會，會回過頭來刺激你在原先擅長的組合裡產生新的想像和嘗試。或者嘗試把一些原先自己沒有想過的對立和矛盾的元素組合在一起；或者嘗試新的組合順序與節奏。於是，就可能發生一些新奇的事情。

為什麼需要移動

人為什麼需要移動，看一個比較極端的例子，也許會清楚一些。

我讀過一位禁錮在家四十二年的身障朋友的故事。他因為嚴重的脊椎側彎，長年在家受家人的照顧，又因為家住樓上沒有電梯，所以就一直困在家裡。

最後他得以破繭而出的關鍵，在於有一天他發現自己有辦法從輪椅移動到床上，再從床上移回到輪椅。他說那個發現讓他對未來的生活，有了新的想像。之後他的移動範圍逐漸擴大，現在已經可以自立生活、工作，並參與和身障相關的社會運動。

是那個從床上到輪椅之間的移動，開啟了他後來人生的所有發展。

這雖然是個特殊的例子，卻可以說明人為什麼需要移動。

動物移動的目的，主要是為了覓食。但人類不同。人類移動的目的，除了覓食之外，還因為我們想要探索這個世界。

從新生兒階段只能像「植物」一樣躺在搖籃裡，到會坐會爬，到處趴趴走，人類移動的目的，有很大一塊是渴望能探索這個世界，有能力掌握各種事物來學習組合、創造組合。

兒童先是以自己家裡的範圍來進行探索，然後擴大到樓下的公園，到街上，到學校。

隨著我們長大，這種移動的距離拉得更長了，就是旅行。我們透過旅行，希望到異地看到更多自己過去生活範圍之內沒看到的事物，觀摩別人怎麼組合。不管是生活上的、工作上的、藝術上的、科技上的。

所以我們強調人生「行萬里路」的重要。

前面說到組合需要專業和跨界。「行萬里路」的旅行，來到一個陌生的國度，看人家在各個領域如何進行組合，那本身就是個大跨界。

總之，我們移動，才有機會擴大眼界，增加對人生想像的可能。

許多人即使一直在自己原來居住地方的生長，還是可能到高中畢業的時候因為求學而要進行一次比較長距離的移動。

我自己也是。

一九七四年，我第一次離家出遠門，搭機來台灣讀大學。跨越大海的那次移動，徹底改變了我的人生。

照常理來說，那次移動是不該發生的。

在韓國的時候，我的起居也一直需要家人照顧，所以自己一個人來台灣，其實是連能不能處理得了生活上的細節都是大問號。雖然有師長提醒我這些問號不解決的話，可能到了台灣也白去一趟，但我堅持要來。那不是我在高中畢業時候才做的抉擇，而是在更早的時候就有了的決心。

就一個十五歲左右的少年來說，我當然完全不知道去了台灣會是什麼情況，更不可能有什麼規劃。但我非常確認：如果只是一直留在釜山，那我會窒息。

那時候我當然也講不出移動可以擴大人生眼界、增加組合資源等說法。但是我相信：如果我不離開那裡，人生就不會有任何新的機會。我幸好有那些確認。台灣給了我超出夢想之外的一切。而沒有那一次移動，什麼事情都不會發生。

是這些經驗，讓我相信移動的力量。

而這種相信不是光我一個人有的。

後來我知道：少年的「壯遊」（Grand Tour），本來就是歐洲文化裡很重要的一環。

閱讀是移動的延伸

即使少年可以行萬里路，但畢竟還是有其局限。世界不只萬里。更何況，實際的「行萬里路」，最多只能讓我們擴大認識世界此刻的面貌，認識此刻存在的人物，對於過去已經消失的世界、已經逝去的人物，可是沒有辦法。

這樣看，人類為什麼需要閱讀書籍的理由就很清楚了。

閱讀，可以彌補「行萬里路」不足的遺憾。我們可以即使足不出戶，仍然透過文字、圖像的閱讀，來閱覽比萬里之外更遠的當代世界和人物；更可以透過閱讀，進入千百年前，見識過去的世界和人物。

所以，閱讀不只是幫助我們在書本上「行萬里路」，也是幫我們打開時光隧道。

這就是我們為什麼要強調「讀萬卷書」的重要。

閱讀，就是我們透過文字、圖像，來擴大眼界，知道世界上曾經以及現有各種知識可以組合的元件、組合的方式有哪些，從中體會樂趣，也從中掌握自己創造的可能。

如果說「行萬里路」的旅行是個大跨界，「讀萬卷書」的跨界肯定更大。

閱讀，讓人類得以進行範圍更大、更自由的移動。

閱讀既然是這麼神奇的事，當然也應該是一件令我們快樂的事。因為打開一本書，就是要進入一個不同的世界，甚至異次元的世界。閱讀也應該是一件讓我們專注的事。因為打開一本書，可以觀賞、學習到別人在不同時空、不同領域裡如何探索他們的世界，如何創造他們的組合。

那麼網路又是怎麼回事？我們為什麼需要網路？

簡單地說，網路是讓我們在指端實現「行萬里路」，也讓「讀萬卷書」得以把聲音和影像結合文字來進行。

不論就人類渴望探索世界，還是想學習、觀摩事物的組合而言，網路都提供了前所未有的便利。

又因為網路的探索是在指端間進行，在聲音、影像和文字的結合中進行，所以格外令人感到便利又新奇。

很多人懷疑：網路上的閱讀如此便利的話，是否紙本書籍就沒有存在的價值了。

這我相信不會。

因為網路上的閱讀有一種動態、外放、跳躍、社交的特質，而紙本書籍的閱讀有一種靜態、內斂、線性、孤獨的特質。

這兩種不同的特質，我曾經在書裡提出一個比喻，說像是白晝和黑夜的對照。

如果網路像是在白晝和擴散狀態之下對世界進行的探索，而紙本書籍像是在黑夜和收斂狀態下對世界進行探索，那這兩者相互搭配，缺一不可。（詳細說明請參閱《尋找那本神奇的書》、《越讀者》。）

綜合以上，我們可以做個這樣的歸納：我們人生從起初對周遭環境的好奇，而開始組合；因為在原地的組合有一定的局限，而開始移動；因為移動也有一定的局限，需要透過閱讀來突破；因為閱讀先是只存在於紙本書籍的形式之內，所以又多出了網路閱讀的選擇。

而就像少年時期需要對世界進行移動的壯遊，少年時期也是經由大量、多樣的閱讀對世界進行探索的最好階段。

因為我們正是在這個時間對世界充滿了好奇，也擁有探索的精力。

為什麼要讀小說

說完了移動和閱讀，特別來談談小說吧。

其實，有一樣事情比音樂更貫穿我整個初中、高中階段，也可以說是我真正花最多時間的好奇和快樂所在。那就是看小說。

我沒有把這件事情寫在前頭，而是寫在這裡，有兩個原因。

首先，這件事不是發生在我十五歲的時候，而是要回溯到小學二年級的時候。

前面我說過，我很晚，到小學四年級才有同齡的玩伴。

不過我幸運的是，早在我進小學之前，就有一個經常來我家講故事給我聽的人。他比我大六歲，和我家有些親戚關係，所以常在放學之後來陪我玩，說故事。

其實，他就是和我一起聽音樂的那位朋友的哥哥，不過早在我和他弟弟玩在一起之前，是這位哥哥陪我度過童年難忘的一段時間。

因為他家開南北雜貨店，樓上又有間賭場，所以他跟在大人堆裡轉，就聽了一肚子故事，看了種種光景。

他講的故事，在我記憶中留下深刻的烙印。

譬如，有一個飛刀王。飛刀王是一家餐廳裡姓王的大師傅。他的刀法好快，快到可以在自己的大腿上剁肉泥，而傷不到自己。

在我的童年，如果說母親給我的生活架了一張無微不至的保護網，那這個年齡不大的說書人就給我在保護網上開了扇最奇妙的窗戶，讓我看到繽紛的世界。

可惜的是，從我進小學，他進中學起，因為他打籃球、進了校隊，來我家的機會越來越少了。

當時我不知道為什麼聽不到那些故事會如此難過，後來明白，那就像是我坐在一間黑暗的屋子裡，原來可以透過窗子看外面的光景、呼吸外面的空氣，但是窗子卻關起來了。

這樣，我只好自己想辦法找故事。聽多了他的故事，一般兒童看的書已經不能滿足我的需求，所以在小學二年級的時候，我就拗著媽媽去租了生平第一套武俠小說。書名是《詩情畫意》，那也是我最早學到的成語。我這樣開始踏上自己尋找故事的路途，也在屋子裡為自己鑿出一扇扇窗戶。

在韓國，我都是去華僑的租書店。店裡最多的是武俠小說，再來是愛情小說、古典小說。所以我讀了大量小說。每當課業拿到比較好的成績，媽媽要給獎勵的時候，也都是租小說給我看。

這樣，到我中學時候，最苦惱的事情，就是書店裡的小說，幾乎看遍了，可以閱讀的書太少。因而，最期待的就是暑假。有些同學的哥哥姐姐在台灣讀書，暑假會帶些書回來，我打聽到了就要趕快去借來讀。借的人又很多，要輪流，經常要漫長地等待。終於輪到的時候，那種快樂是很難說明的。

中學階段，那位和我一起聽西洋音樂的朋友，突然也看起武俠小說了。所以我們又在另一個領域開始競爭起來——比賽誰知道的作者多、誰看過的作品多、誰先看到某一部久聞其名的傳奇之作等等。當年的武俠小說，都是一冊冊的小開本。一部小說經常有幾十冊。所以伴著一大摞小說，夜裡偷偷開著小燈夜戰，或是冬日在熱烘烘的炕頭上閱讀的記憶，美妙不過。

而競逐中互有領先的刺激，炫耀自己知道哪一部武俠小說的精彩之同時，又不吝於分享彼此的快樂，今天想起來都會微笑。

雖然每一本書都在帶我們移動，但小說格外不同。武俠、愛情、推理、歷史等各種不同門類的小說，讓我們產生各種體驗完全不同的移動。有的像是雲霄飛車，有的像是春日旅行，有的像是瞬間移動。

有些家長認為小說是無益的，浪費時間的。但他們不知道，小說除了可以讓孩子像是在遊戲中見識各式各樣的世界之外，還可以經由小說裡的人物走一遍他們的人生。

人生只有一次，但小說卻讓我們有多次人生的機會。而看小說和看影視作品不同的是：小說可以更直接也深入地進入主角人物的內心世界，更完整地體會他們的掙扎和悲喜，聽到他們內心的獨白。所以，讀小說需要時間，需要回味。而這些都正好是少年階段最應該享受的。

這就是我要留到這裡談閱讀小說的第二個理由。

今天可以帶給我們好奇和快樂的事物可多了。但是如果閱讀小說，就會知道其中的享受是不同的，收穫也是不同的。

不要當圖像語言的文盲

說到閱讀，很多人都太過重視文字，而忽略圖像。

人有五官，所以各人的五官有不同的敏感之處。有人是視覺，有人是聽覺、嗅覺、味覺、觸覺。

文字和圖像即使同是視覺，不同的人也有不同的敏感。有的人適合透過文字來理解人生和這個世界，有人則是透過圖像語言看到的東西更豐富、聯想更豐富。

所以文字是語言，圖像也是語言。適合不同的人使用的語言。

如果承認圖像是一種語言，那就應該小心一件事情：如同文字語言有文盲，圖像語言也有文盲。

任何語言的學習都應該有學習的層次，區分為不同階段，卻又前後銜接。

學習英語，我們都知道要先學最基本的ABCD字母，再學詞彙和句子，再來可以閱讀長篇文章和書籍。其他語言，也是。都有一個拾級而上的過程。

圖像是一種語言的話，也該有這種學習的階段和層次。觀察國際上的情況，這可以像我們學制一樣，大致分為三個階段。第一個是幼兒的階段，第二個是兒童的階段，第三個是進了國中以上的少年階段。

以台灣來說，幼兒階段和兒童階段的圖像閱讀，大家都很重視，但是大致從小學高年級以上，尤其進了國中之後的少年階段，我們社會卻不重視了。讀者少，出版的書種也少。和歐洲以義大利為代表的國家來比較，可以看出他們十三歲到十八歲少年擁有豐富的圖像語言讀物，台灣在這個階段卻十分貧瘠。出現這種現象可能有三種原因。

首先，我們的社會重視讀書，「萬般皆下品，唯有讀書高」。這裡的「讀書」又主要指的是文字書籍。學校和家庭都重視孩子的識字能力、文字的閱讀能力，大多把「看圖畫書」只當作孩子識字量還不夠大，沒法自己閱讀文字書籍之前的輔助工具。

換句話說，許多家長過於重視文字語言的教育，而只把圖像語言當作孩子識字能力還不足的時候的輔助工具。在這些家長的心目中，孩子還小，只會看圖的時候，像是在河的此岸。而他們期待的是孩子成長到可以抵達自行閱讀純文字書的彼岸。有圖有文的書，則像是過渡中間的橋樑。因此，只要孩子抵達到彼岸，許多家長就不再把孩子的圖像閱讀放在心上了。

簡單地說，他們習慣於「過橋拆圖」。

第二個原因，和國中階段開始的考試壓力有關。我們的考試都是以文字語言來決勝負。首先，學校就不希望學生看圖像的東西。連看小說都經常被認為是看閒書，不鼓勵，何況是圖像類的書。

我認識一家經銷商，專門在國中和高中校園辦書展，一年會辦兩百場，非常頻繁。

我看他們的暢銷書排行榜，主要都是各種輕小說、奇幻小說，就問怎麼沒看到漫畫。他們回答：「漫畫根本不讓進中學校園啊。」所以中學生看漫畫，大多也只能私下偷偷看。

第三個原因，是中學生自己先入為主的觀念。在圖像語言的書籍裡，中學生雖然看漫畫，但是對繪本則排斥。

孩子一旦從小受了父母的影響，意識到圖畫書、繪本只是識字能力不足階段的輔助工具，那他們也容易認為那是比較幼稚的時候才讀的書。

過了那個階段之後的少年人，血氣方剛，最不希望的就是被人說「孩子氣」、「幼稚」，所以也就對繪本退避三舍。

我聽中學生說過他們愛讀漫畫，從中得到人生啟發，熱血沸騰的故事，但很少聽他們說愛讀繪本，從繪本裡看出世界和人生的窗戶。

如果我們真心相信閱讀是一種移動，那就該相信文字語言和圖像語言的閱讀，相當於我們移動的雙腿。沒有人在成長到一個階段就刻意廢棄自己的一條腿。

我們學習英文，不會只學了ＡＢＣＤ和Book、Desk這些簡單的詞彙之後就中斷。我們學習圖像語言，當然也不該就在小學三、四年級就中斷，從此認為那是很幼稚的讀物。

所以，在離開了小學之後，千萬不要中斷繪本和漫畫等等的圖像閱讀。家長和考試教育的體制都在漠視國、高中階段的圖像語言，但是當事人不該如此。

圖像語言才是今天全世界最多人使用的共同語言，也是商業價值最高的語言。

年輕人不應該反而當這種語言的文盲，或者半文盲。

非作文

雖然今天是圖像語言無遠弗屆的時代，但文字語言的力量也前所未有的巨大。

我們並沒有因為圖像之方便理解，而少用文字。事實上，我們對使用文字，以文字來表達自己的機會空前豐富。

幾乎，每天任何時候，我們都是以文字在表達自己：發手機簡訊、在社交媒體互動與留言、寫電郵，等等等等。

儘管如此，起碼在台灣，事實的另一面是：很多人把寫作視為畏途。我曾經在教育部一個教師的會議上，聽一位大學教授報告她帶引一組學生練習寫作的成果。她說那些學生在大一的時候「連一句話都寫不出來」，到畢業的時候可以寫出三、五千字的文章。

「連一句話都寫不出來」這句話聽來很嚇人。

閱讀和寫作是一體兩面。

有些人把寫作說得很困難，好像要受過什麼特別的訓練。其實，只要我們會說話，不是文盲，寫作應該是一件很容易的事。因為，寫作就是把我們自己腦子裡想的，本來要經由嘴巴講的話，改為用文字來表達。

就像說話會經過牙牙學語的階段，寫作也的確要經過一個練習的階段。但這個練習是人人都可以的。

今天寫作之所以被許多人視為畏途，很大的原因來自於，正好在練習寫作的階段，我們經常聽到「作文」這個說法。

作文作文，文章成了製作出來的。需要特別原料、配方、工作方法才能製作出來的。

但我一直相信：語言是用來溝通的，寫作也是。而溝通，最重要的就是去除不必要的理解障礙，或者造成誤會的地方。也因此，我相信寫作是越清楚越好。

但什麼是清楚？

除了使用的文字簡單、口語之外，最核心的是想講的東西要清楚。換句話說，我們對想要講的這件事情的觀點要清楚。否則，使用的文字再簡單、再口語也不行。

我們的觀點又怎樣才能清楚呢？

沒有其他的路，只有兩條。

第一，是隨著自己的人生經驗夠多，自然發生；另一條，則是讓自己的閱讀經驗夠多，引動發生。也就是說，借助閱讀其他人所寫下的觀點，引動自己對還沒有經歷的人生先有了體驗，因而看清楚、想清楚一些事情。

這兩條路都是在收集組合觀點的元素。不過前者比較像是在行萬里路，後者當然就是在讀萬卷書。

因此，就閱讀和寫作是一體的兩面來說，特別容易看出學習組合和創作組合是一體兩面。

但既然是在組合，就該期許自己可以組合小的，也可以組合大的。我們可以閱讀一百四十字的短文，就應該也可以閱讀五千字的長文，十萬字的書。

我們可以用一百四十字的短文來表達自己，就應該也可以用五千字的長文、十萬字的書來表達自己。

否則，一定是組合有不足之處。

而十五歲的少年時期，正是透過閱讀，也透過寫作來表達自己，把自己對世界渴望探索，以及好奇與快樂的心得表達出來的最好時機。

III

水晶球和夜明珠

人生需要夢想的水晶球出現。
但是在水晶球出現之前，
需要有價值觀的夜明珠。

位置、方向、目的地

有一個人，一直不知道自己要去哪裡。

在他小的時候，有人告訴他，你的體質適合到溫暖的地方居住，所以應該往西南的方向去，那裡有一座城市很適合居住。

但是他不要。他想要挑戰寒冷的地帶。所以到他可以出發的時候就往東北的方向去了。

但是那個方向走不通，他只好去了東南方。東南方也不通，所以他只好漫無目的地流浪。

有一天，他來到一個地方，這裡提供他一個工作，於是就住了下來。但是他也發現：這原來是當初別人建議他，可是他拒絕的那座城市。

過了幾年，他在這個城市裡成家立業。但是他一直在想：這不是我要來的城市啊。我什麼時候能再出發，去尋找我夢中的城市呢？直到一個冬天早上，他起床讀一本書，抬起頭來看看窗外，突然明白：這個他從小拒絕住下來的城市，原來就是他一直在尋覓的地方。

這個故事講的是我。

有移動，就涉及位置和方向。

所以人生的移動和閱讀都和如何調整自己的位置和方向有關。

對於自己的位置和方向，有人很早就知道。蔡志忠說，他四歲的時候就知道自己愛畫畫，將來要當一個漫畫家。

有人很晚才知道。我就是。

小時候，因為我行動不便，曾經有人建議我將來學好修鐘錶、刻印章之類；再長大，因為比較會寫文章，所以很多師長建議我將來應該往當個作家、進出版業，做些靜態工作的方向發展。

但是，少年時候都有叛逆心理。誰說身體行動不便就只能做靜態性的工作啊。所以十五歲的時候，我雖然不知道自己將來要做什麼，卻知道不要做什麼。絕不要做和寫作、出版相關的事。

進了高中，因為持續有數學、物理方面的興趣，所以到考大學、填志願的時候，我就在理組。

不過人生有陰錯陽差。

考大學前夕，因為師長提醒我台灣一些大學理學院的招生簡章上對「殘障者」（當時還不叫「身障者」）的限制，我只好改填了志願，後來跟著當時的熱潮就讀了和國際貿易有關的商學系。

大學畢業後，短暫地從商失敗，因為負債累累，走投無路，開始接翻譯的工作賺一些收入。又因為翻譯的工作進了出版業。我的運氣很好。我在畢業後九年的時間裡，就當上一家規模還不小的公司總經理。然而即使在這家公司又工作了八年，我都仍然不認為做出版是我的人生方向。我總在張望其他的可能。

直到一九九五年底，一個寒冷的早上睡不著，起來隨手從書架上找了一本書來讀。那是戰國時期韓非子寫的書。我被他的著作所震撼，也體會到出版可以透過一本書來連接不同時空的心靈，才意識到這真是一個偉大的行業。

在快四十歲的那天早上，我才突然發現，我自己尋覓的人生方向，原來就是出版。也發現自己何其幸運，原來這麼多年在無意識的拒絕中，其實我早已抵達夢想之地。

講這段經歷，是想解釋一下位置、方向和目的地之間的關係。

不同的人，面對這三者有不同的處理方法。

有的人，是一下子就先知道自己人生的目的地，所以當然也知道方向，因此很早就可以從自己的位置出發，循著那個方向走向一個目的地。

有的人，可能不知道目的地，只知道一個方向，但是中途又會一再改變方向，結果多年之後才有一天突然看清了方向，也知道了目的地。

有的人，可能不知道目的地也不知道方向，一直在原地打轉思考，結果有一天豁然開朗。

不同的人有不同的途徑和可能，千萬不要以為別人的就是好的。自己一直尋覓不得，也請千萬不要沮喪。只要持續思索，答案總有一天會迸現出來。

亂想與夢想

那夢想是什麼？

夢想就是自己的方向和目的地。有人的夢想非常清晰，那就是連目的地都有了；有人的夢想只有大約的輪廓，那就是只有一個大概的方向。

這麼說，我十五歲的時候，可以說有夢想，也可以說沒有。說有夢想，是因為那時我就決定將來一定要有一次大移動，去台灣。說沒有夢想，是因為對於自己將來要做什麼，我並沒有強烈的渴望。雖然我一直享受許多好奇與探索，但也只是探索而已。那些探索都說不上夢想。頂多是亂想而已。

亂想，就是想想說說，說完也就放到一邊了。

真正的夢想不同。簡單地說，夢想就是在夢裡也會想的事。一旦你真正被某個人、某個事物、某個地方打動，開始想要把那當作目的地前進的時候，很像是戀愛了。

夢想，就像是你心裡有了那麼一個心愛的人。如同戀愛，我們整天的心思都開始環繞著那個人活動。我們有了夢想之後，所有的心思也都會環繞著怎麼實現那個夢想而活動。

正因為不是每個人都能很早就確認自己的夢想，需要不停地尋覓，所以有關夢想的探索，還是越早越好。

少年階段，我們所有的好奇、玩樂、閱讀、交友，其實都應該是在幫助我們探索這件事情。

在人生的旅途上，十五歲之前，有點像是在家裡只能聽父母吩咐、安排要去哪裡郊遊；十五歲的時候，我們好像踏出家門，拿著旅途上要讀的書，在樓下和鄰居、朋友興奮地討論接下來要去哪裡。至於再晚一點，其實就已經要踏上旅程了。

在十五歲左右，如果能把夢想這件事情想得清楚的話，最大的好處，就是比較可能明白自己在高中畢業之後，是否需要讀大學，或是需要讀什麼樣的大學科系。這樣，接下來就開始了自己的旅程。

相反地，如果沒有把這件事情想得清楚，只是想先進大學再說，那麼不但會延後人生旅程的開始，還可能因為無目的地讀了一個大學科系，而就此讓那個科系影響接下來的行程。

打個比喻。

如果先有了一個人生的方向再去讀大學，很像是知道自己要去哪裡才去搭一輛公車。

如果沒有人生的方向就只是先進大學再說，很像是不知道要去哪裡，先去搭一輛公車再說。
所以不只延後目的地，也會因為隨便搭上的那輛公車的去向，而就此走去了那個方向。

我聽到有人跟我說，他也很希望自己在填大學志願的時候能夠結合人生的方向，但他就是不知道該填什麼。
我的建議是：不是最感興趣的，就是最好奇的。或者，暫時填你安心的也好。

我當年的情況，也是不知道自己人生的方向，讀的科系也不是自己真正感興趣的。
但只要持續把探索人生方向的這件事情放在心上，就算延後發生，有一天我們還是會遇上自己的答案。

9與6

夢想的可能雖然很多，但是在大方向上，有兩個分類可以參考。這件事情是我從「生命數字」（Numerology）聯想得來的。

中學的時候，我們在數學課上都會學到來自古希臘數學家畢達哥拉斯的「畢氏定理」，也就是「直角三角形斜邊的平方等於其他兩邊各自平方的和」。

畢達哥拉斯除了是數學家之外也是個哲學家，因為他對數字有很深的研究，所以在希臘的「生命數字」這套系統的發展上也貢獻很大。所謂「生命數字」，核心理念就是相信每個人都有一些和自己生命有特別密切關係、意義的數字。所以我們需要知道這是哪些數字，並且如何善用，不要讓彼此特質相反的數字相互衝突，反而減少自己生命的能量。

在生命數字裡，6和9的對比很有趣。

6和9的相同之處，是兩者都有關懷的意思。

但是9和6也有很大的差異，就是兩者關懷的順序不同。

6比較像燈籠，關心的順序由近而遠。先關心自己，再自己的家人，再社區的流浪貓，再城市的遊民，再衣索比亞的難民。

9比較像燈塔，會先關心衣索比亞的難民，再自己城市的遊民，再社區的流浪貓，再自己的家人，最後自己。

所以，6和9也可以說是代表不同的夢想傾向。

傾向於9的人，可能比較喜歡所謂遠大的夢想。他們想去的地方往往都在千里之外，想做的事往往都影響很大一群人。他們抱的是燈塔型的夢想。

傾向於6的人，可能比較喜歡所謂實際的夢想。他們想活動的範圍可能都在自己居住的城市、鄉鎮，想完成的一些事情都先和改善自己、家人、親人有關。他們抱的是燈籠型的夢想。

不同的人有不同的性格，有的人會偏向9，喜歡用燈塔的夢想照亮遠方的人；有的人偏向6，喜歡用燈籠的夢想溫暖身邊的人。

還有，即使同一個人，也可能在不同的境遇上激發出不同的夢想。傾向9的人，有時候也可能被逼得必須先有個燈籠的夢想；傾向6的人，有時候也可能被刺激得發展出一個燈塔的夢想。

所以，在探索自己夢想的時候，不妨先想想自己到底是傾向於6還是9的大分類。

談到夢想這件事情的時候，中文很容易和「遠大的」這種形容詞連在一起。

但是從6和9這兩大不同的分類，就可以知道有人適合由遠而近的夢想，有人適合由近而遠的夢想。

每個人的情況不同。千萬不要被「遠大的夢想」這種說法限制住。誠實地了解自己，才能探索適合自己的夢想。

而我自己，顯然是傾向於9的。過去因為沒有意識到6和9的區分，所以鬧了很多笑話。

舉一個參加別人婚禮吃喜酒的例子。

三十歲之前，朋友結婚的話，我一定是比較不熟的朋友紅包包得比較大，親近的朋友隨便就好。我總覺得，親近的朋友還要包得大，那算什麼親近？當然是不怎麼熟的人，因為沒什麼交情，所以才要把紅包包大一點才算心意。

同樣的，如果是欠錢的話，都肯定是先還交情比較疏的人，越親近的人就反而越不放在心上。

不知道這是否和我在韓國長大的背景有關。因為更早之前，我覺得越親近的朋友，是越不該說「謝」。說「謝」的話，好像有點褻瀆友情。

有一天，我很得意地跟一個人（現在想來應該是比較不熟的人）講我這套想法的時候，他問了我一句：「那當你親近的朋友有什麼好處？」

這句話給了我很大的刺激，才算把我敲醒。

而後來我認識自己是傾向於9這種燈塔型夢想的人之後，也就明白了過去為什麼會做那麼「奇異」的事。越是靠近燈塔底下的地方，越是燈塔照不到的地方。

所以我們不斷探索夢想的過程，也是不斷探索自己的過程。

水晶球和夜明珠

有了自己的夢想，是很神妙的。

夢想就像是神話故事裡的水晶球。水晶球裡可以看到我們的方向和目的地，指引我們接下來的路途。

但以我的例子來看，要到四十歲才確認自己的夢想。而可能還有人要到更晚才確認。

前面我也說，少年時候暫時沒有夢想，只要持續探索，時間到了就會出現。

那麼，從十五歲直到四十歲之間的探索，有沒有什麼東西是可以支持我們不要迷失或倒退或墜落的？

我回顧自己的成長過程，是有的。

在我們還沒找到夢想的水晶球之前，我們的日子還是要過。即使方向不明，我們的人生路途還是要走。

在我們目的地不明、方向不明的情況下，我們仍然相信一步步跨出去的步伐應該維持什麼樣的速度，什麼樣的姿態，就是相信一些價值。我們如何看待這些價值，多麼重視這些價值，就是我們的「價值觀」。

夢想是水晶球的話，價值觀就是夜明珠。

夜明珠有兩個作用。

一個是在夢想的水晶球還沒有出現，四周混沌不明的情況下，夜明珠本身的光亮可以指引我們的腳步，支持我們前進。

一個是即使在水晶球出現了之後，夜明珠可以持續讓前進的腳步保持穩定，不致因為看到夢想的方向而過於興奮、急進而摔倒。

生活裡，不是每個人都必須找到自己的夢想水晶球，但是必須有一些價值觀的夜明珠。

在我們成長的過程中，人生的方向和目的地雖然也可能是受到父母和社會的影響，但真正夢想的水晶球，主要是由自己透過各種探索而取得或形成。

價值觀的夜明珠則不太一樣。價值觀的夜明珠雖然也可能是自己透過各種探索而取得或形成，但更可能是受到父母和社會的影響。所以從少年時期開始，我們如果能注意到價值觀的存在，不斷地檢查一些習以為常的價值觀，不斷地透過移動和閱讀來參考不同時空背景下的價值觀，思考這些價值觀和自己的關係，是非常重要的。

讓自己和相信的價值觀真正結合在一起，不只是更誠懇地面對自己，讓自己的生活更加自在，隨著時間過去，還可以進一步發揮夜明珠的第三個作用。

那就是有助於夢想的水晶球出現。

價值觀的夜明珠可以有好幾顆，每個人相信的也各自不同。

我也有好幾顆，接下來我就選兩個基本的談一下。

夜明珠之一：勇氣

雖然我現在可以說明價值觀的夜明珠有什麼作用，但是在我十五歲的時候，當然並不是。

只不過，在那前後發生的一件事，對我一生的價值觀產生了很大的影響。

我向教我們韓文的池復榮老師學到的。

有一次，池老師帶我們郊遊。

我們去一個沙灘。同學嬉水，我就在岸邊負責看管大家的鞋子。閒來無事，惡作劇把鞋子藏進沙裡。

要回家的時候，大部份鞋子都找到。有一隻，卻就是找不出來。我無地自容，但毫無助於鞋子的出現。天色越來越暗，場面有點混亂，出現了一個人。個頭不小，酒氣醺醺，手上拎了個東西，就是那隻鞋。我們跟他要，他就不給，欺負我們孩子。

這個當兒，池老師過去了。她矮矮的個子還不到那人的肩膀。她很簡單地說了幾句話，要鞋子。醉漢卻嬉皮笑臉的，有點不三不四。這個時候，突然「啪」地一聲，她揚手給了那人結實的一記耳光。小時候父母就經常告訴我們不要惹韓國醉漢，看到那一刻，我心懸在半空。

晚風中，池老師站在那人面前，一動不動地看著他。

接下來，那個醉漢把鞋子交給了她，咕噥了一聲，走了。

太神奇了。一個個子那麼矮小的女人，可以堅定地給一個大漢那麼一巴掌。沒有絲毫猶豫，沒有絲毫動搖。而局面整個改觀。我們回家了。多年時間過去了。但是池老師站在比她高許多的醉漢面前給了他一巴掌的身影，難以磨滅。不可思議。

後來回想，那一巴掌，也像一粒種子，在我心裡慢慢地發芽。直到多年後，我才感受到其中的力量：原來，當你義無反顧的時候，不論對方是何種龐然巨物，不論你多麼矮小，照樣可以迎面給他一擊。

池老師讓我見識了勇氣的力量和價值。也因此，我很幸運地，在十五歲前後，有了勇氣的價值觀。這個價值觀的夜明珠，在我人生的旅途上一直陪伴我。我做許多事情都不把金錢或其他實質的回報當作第一考慮，而先享受挑戰一個巨大的目標，應該都和這件事情的影響有關。

我非常確定，我自己的世界觀，也就是我看到的世界，有很大一部份是因為這個勇氣的夜明珠而擴展開來的。

而世界任何事物，都是有正反兩面。勇氣帶來的另一面，就是驚險。一般情況下，大家都相信做事情要「力有所及」，才有成功的把握，才比較穩當。然而，在勇氣的價值觀之下，我經常傾向於相信做事就要做「力有不及」的事。

人生是個旅途，旅途上有山巒峽谷的話，勇氣的夜明珠不時會引領我攀爬登上一些險峰，看到一些特別的風光。

但是，依恃勇氣，我也曾經在山谷、斷崖之間跳躍失手墜落過，落得重傷。

但我從沒有懷疑過勇氣這顆夜明珠的價值。因為這顆夜明珠還同時讓許多其他的事情得以發生。譬如好奇。好奇和勇氣是一體兩面的存在。勇氣會支持好奇；好奇也會激發勇氣。

夜明珠之二：誠實

我另一顆價值觀的夜明珠，不是在十五歲的時候形成的，要比那早得多。

那顆夜明珠叫作誠實。是我母親給的。

我母親的身材瘦削，喜歡穿旗袍式的衣衫，因為包過小腳又放開，走路沒法很快。

但是她的個性不然。乾脆俐落。

對孩子做人，以及生活上的教育，她要求最直接的一件事，就是誠實。小時候，雖然也有因為犯了錯被打屁股這種事，但是我記憶中最嚴厲的懲罰，都來自她一旦發現我隱瞞了什麼過錯，或者沒說實話的時候。

這時候她的處罰就是晚上就不准進房間睡覺。印象中最深刻的，是嚴寒的冬夜，裡屋的炕頭熱熱的，卻要在外屋寒冷的地板上罰跪。雖然不是在室外，仍然會哆嗦。一定要跪到她在屋裡問一句：「知道錯了沒有？」我能回答出錯在哪裡，她才准許進去睡覺。

這都是五十多年前的事了。寫到這裡仍然覺得宛若昨日，並且對她的思念會洶湧起來。

其實，我母親教我的就是所謂自愛，而自愛的基礎，就是誠實。這件事實對我影響也是深遠。

後來我出社會工作，逐漸在公司裡成為主管、帶領屬下，我要求的第一要件也永遠是誠實。不論工作上出現多大的問題都好說，可以再討論，只有不誠實這件事情沒法容忍。

誠實到底有什麼好處？這可以先談不誠實有什麼壞處。不誠實，有對外，及對自己兩方面的不好。

對外，是會成為一種爭功、諉過的人。看到一些成績就去搶別人的表現，看到一些問題就想到把責任丟到別人頭上，是工作的人最壞的惡習。這種惡習的根源，就是不誠實。

不誠實對自己也不好。最大的壞處就是因為隱瞞事實而可以躲過一些責任，搶到一些風采，所以會誤以為這是一種能力、本領。結果，隨著時間過去，這種能力和本領越練越熟，越來越會湮沒蹤跡，就深化為自己性格的一部份了。

有一位讀者看過這本書的試讀本之後，跟我反應：

我覺得在十五歲的時候反而應該要教「說謊」，無論是對人的善意謊言或是其他的任何謊言，十五歲是一個大家都有各自的尊嚴，比起赤裸裸的誠實，我們更需要學會包裝言語，而且學了說謊更應該要知道誰說的是眞話誰說的是假話，在這個社會中，越誠實，越容易吃虧，所以我們才更該學說謊。

我認為不是。

在今天網路時代，看起來到處假消息泛濫，處處都有說謊的人。的確像是謊言流行的時代。

但是我認為今天也是最容易拆穿謊言的時代。

過去一個人要偽裝自己，可以躲在重重的謊言和包裝之後，但是今天如果大家真想起底，人肉搜索，沒有人的絲毫可以假裝。

至於十五歲要尊重各自的尊嚴，袒露赤裸裸的現實容易刺傷人這件事，的確應該注意。但應該注意的是「尊重」別人的隱私，而不是因而要讓自己習於說謊。

總之，誠實最難的地方，是在對自己誠實。對別人，對外在的事情到底是否誠實，其他人不見得總能覺察，但自己可以覺察。只要自己可以覺察，總可以有機會調整。而一旦自己把不誠實當作一種本領的時候，就完全沒有覺察的機會，也就根本沒有調整的機會。結果，火車越來越失速，自己還以為越來越順暢，直到最後不可收拾。

這樣說起來，不誠實很像是一種毒品。一旦試過又嘗過甜頭，就很難斷掉。千萬別在少年階段染上這個毒癮。

回過頭來看，誠實的好處就比較清楚了。

誠實最大的好處，是讓自己有一種覺察的能力，讓自己可以覺察自己犯的過錯，進而思索解方、改善的方法。

努力和螞蟻的故事

前面說過，很多價值觀的形成，是來自師長或者社會的影響。成長中的少年，應該保持注意，仔細檢視。

譬如，很多人把「努力」當作一個價值觀，因此相信「一分耕耘、一分收穫」。

但我認為「努力」只是一個現象，在某個價值觀驅動下的現象。「努力」的本身不是一種價值觀。

沒有價值觀前導就努力，那種努力不但效果不好，也可能會有些副作用。

《伊索寓言》裡，有個螞蟻和蚱蜢的故事，大家耳熟能詳。孜孜不倦、努力工作的螞蟻，在這個故事裡有著十分正面的形象和價值。

據說伊索還有另一個螞蟻的故事。

這個故事裡，螞蟻原來是個農夫，辛勤工作，但不滿足於自己的收成，夜裡去偷鄰居的穀物。天神覺得這個人不像話，就把他變成一隻螞蟻。可是變成螞蟻之後，他習氣不改，於是就仍然終日忙於到處收集別人的食物。因而寓言提醒我們：江山易改，本性難移。後人可能覺得螞蟻那麼辛勤努力，不該揶揄，所以絕大部份《伊索寓言》的集子都沒有收錄後面這個故事。

我覺得後面這個故事正好說明了：如果沒有價值觀而只知道努力，會出現的問題。農夫變成小偷了。

所以就像螞蟻原來有兩個不太一樣的故事形象，「努力」這件事情也有兩個不同的觀察角度。

第一個角度，「努力」是「懶散」、「懈怠」等等的相反詞，是一種積極向上的精神。於是我們從小到大，經常可以聽到別人在我們耳邊提醒「努力用功」、「努力工作」、「努力前進」等等。「努力」，是「成功」的關聯詞。

不過，真的是這樣嗎？「努力」，就真的能「成功」嗎？

看看「努」這個字。

顯然不但要把吃奶的力氣拿出來，還得像奴隸一樣地持續。換句話說，「努力讀書」、「努力工作」，重要的不是你喜不喜歡，而是你願意忍受，承受鞭策。

但這樣讀書，這樣工作，就能成功？

真實人生裡，尤其在進入二十一世紀的此刻，顯然這是一種誤解。太多時候，我們會發現：光是努力工作，不會成功。光是靠意志力，也不會。

有個道理很明白：就像蓋一棟房子，不想好怎麼蓋，而只是努力一磚一瓦地砌上去，是蓋不好一棟房子的。人生就是不停地面對困難的事情，面對走不出的迷宮。而你只靠「努力」，是走不出迷宮的。要破解迷宮，最重要的是要喜歡破解迷宮。

要完成一件困難的工作，也得用一種單純、好玩的心態，嘗試不同的途徑，來找出最適當的解答。

所以，光靠「努力」不夠。加上「智力」，也不足。最重要的是，這需要做我們真正愛做的事，感到好奇的事，感到快樂的事。於是才會樂此不疲，有一種難以解釋的信心，有一種難以說明的動力，直到最後找出解答。

而好奇和快樂，偏偏是像奴隸一樣地努力所體會不到的。

如果我們做的是真心喜愛的事情，自然會一路樂於收集各種組合物件和元素，嘗試越來越多的組合方法。同樣的，隨著我們擁有越來越多的組合元素，對各種組合方法有越來越開闊的想像力，那也就會自然而然地越來越保持一種好奇與快樂的心態來面對世界。

這就是我們需要對一些習以為常，言之成理的價值觀也要保持冷靜，仔細檢查的原因。

陸地思維和海洋思維

雖然不論哪個時代的每個人都該仔細檢查來自社會的價值觀，但今天十五歲的少年又特別需要。

一個社會的環境，一代代會有所不同。沒有戰爭的時候，變化比較小；有戰爭的時候，變化比較大。

一個社會裡的價值觀，一代代也會有所不同。環境變化比較小的時候，價值觀的變化就比較小；環境變化比較大的時候，價值觀的變化也跟著比較快，比較大。

今天台灣七十、六十、五十、四十歲的人，經歷的社會環境都有變化，所以每一代人也都會感嘆下一代人的價值觀有新的變化。

但事實上，雖然確實有很多變化，可是其中又有前後相銜接的脈絡。

打個比方。七十歲的人所處的環境也許像是在高山上，六十歲的人是丘陵，五十歲的人是草原，四十歲的人是沙漠，這些高山、丘陵、草原、沙漠的環境雖然不同，但基本上都是陸地。而陸地上的人都有一些習慣性重視的事物，有一些習慣性的工作方法，其結果就形成一種「陸地思維」，一種陸地的價值觀。

但是今天生於一九八七年，三十歲左右的人，卻和之前世代的人拉出一條分界線。

這是因為那一年台灣發生了件大事，就是政治上的解嚴。戒嚴時代，社會上種種禁忌不能碰觸；解嚴之後，則越來越自由開放。正因為解嚴是台灣社會發展的一個分水嶺，所以一九八七年之後出生的人，也就是今天三十歲左右的人，和過去許多世代的人所處的環境是截然不同的。

這種不同，就好比他們不再是立足於陸地，而是生存於海洋。也因此，他們出現「海洋思維」，海洋裡的價值觀。

陸地思維和價值觀的最大特點，是強調穩定，重視秩序、權威、自上而下地分配。

海洋思維和價值觀的最大特點，是面對變動，重視自由、個人意志、公平透明的分配。

在陸地思維裡，穩定是常態，出現地震等大變動是例外情況。

在海洋思維裡，變動是常態，只要不翻覆、不滅頂，就是穩定。

而注意國際新聞的人，一定會知道：這種海洋和陸地之對比，正出現在今天世界各處。世界各個地區、國家、政府、社會，都處於和過去截然不同的狀態，出現過去幾十年沒有出現的變化。

所以，今天是一個需要用海洋思維，而不是陸地思維來面對的時代。

在需要海洋思維的時候卻用陸地思維來面對，一定會出現很麻煩的問題。

在陸地思維中，每個人都要練習追趕跑跳碰，再用功一點的人還要會丟鉛球、扔標槍。那代表強壯。

但是想想看，如果到了海裡呢？我們該游泳的時候卻要練習在海裡丟鉛球嗎？

所以，在過去可能多個世代都行得通的陸地思維，到了海洋時代就行不通了。

如果今天三十歲左右的人像是進入了海洋，那今天十五歲左右，也就是進入二十一世紀之後才出生的人又是什麼情況呢？

三十歲左右的人所置身的像是淺灘的近海，而十五歲的人已經在深海之中了。近海還有些和陸地的連接，深海就完全沒有了。

換句話說，不只許多陸地思維和價值觀，在海裡派不上用場，淺海的經驗也和深海不同。

對一個在海中需要游泳的人，如果我們還要他練習百米短跑、丟鉛球，會發生什麼事？

所以我說，今天十五歲左右的少年，又特別需要對自己的價值觀是怎麼形成的保持高度的敏感。

IV

時間的區塊化

時間，本來不需要管理。
每天讓自己的好奇和快樂得到滿足，
其他的事情會自動就位。

時間本來不需要管理

本來，時間是不需要管理的。

如果我們持續保持好奇與快樂，注意自己的位置和方向，並且一直樂於嘗試生活中各種「積木」組合，那麼我們自然就會知道怎樣組合自己的時間。

每個小孩子早上起床之後就迫不及待地開始他一天蹦蹦跳跳的探索，那就該是我們的原型。

如果我們每天的時間，都是用來做我們自己喜愛、快樂的事，在生活和工作中進行各種有趣的組合和學習，那我們不需要任何人提醒，就會知道如何分配自己的時間，讓這些喜愛和快樂得到滿足。

時間的組合，或者說時間的管理，核心只有一個重點。如何不要每天看起來做了很多事，但是自己覺得重要的事情卻沒有做到。

本來，如果我們有真正自己做起來快樂的事，其實這個情況是不會發生的。

早上醒來，我們會記得昨天晚上做到睡前還意猶未盡，或者興頭正來的那一件事，馬上接著做下去。

不必別人告訴我們，也會知道：自己最寶貴的時間，應該用來做自己最喜愛或最關心的事。然後再用其後的時間，做其次喜愛的事情。

儘管有時候也會有不只一件事情同時發生，只要我們從那些事情裡感到樂趣，自然就會分配順序處理。有時候即使有些手忙腳亂，也會從中另外發現一些意外的樂趣。

所謂「時間管理」的需要，都是因為我們有一些自己沒那麼感興趣，或甚至被逼得不得不做的事情時，才產生的。因為我們不想做，又不能不做，就要記得提醒自己。經常可能做著這個想著那個，做著那個想著這個，結果這個那個都進展得不順利，因而又要投入更多的時間來處理，也就產生更多時間管理的需求。

我自己在十五歲的時候，當然沒有體會到這些。很多年之後，才把上面講的一些原因想得比較清楚，整理出原則。

我覺得關鍵有兩個。

第一個，就是知道自己最喜歡做，最能滿足自己的好奇，最能讓自己快樂的事情是什麼。讓那件事情在自己一天二十四小時的生活裡，先安排好一個處理的時間。

自己最感興趣，最愛做的事，而不是最緊迫的事。

第二個，就是要養成每天固定的時間做這件事情的習慣。做自己感興趣、愛做的事，有一個副作用，就是不小心我們會花很多時間在其中，而真實的生活卻不允許，總是不得不卡斷。所以我們會覺得難受、遺憾。

養成每天固定時間做自己喜愛的事情的習慣，意思是自己主動設定每天在什麼時候把這件事情告一段落，第二天又在什麼時候把這件事情再重新開始。

一旦主動設定，我們就會安心。把那件事情做到告一段落的時候不會難受、遺憾。

這好像我們遇見了一個自己喜愛的對象。我們很希望能儘量拉長和對方相處的時間，但總是有不得不分開，各自回家的時刻，感到難過。

但是如果知道每天固定時間都能看到對方，那麼到分開的時候就不會難過，而是抱著企盼的心情等第二天再見。

總之，時間管理一定要先滿足「每天都能做到讓自己快樂的事情」這個需求。做了這件事情，就像有個定位器，一旦這個清楚，其他的都會跟著清楚。

工作區塊化的作用

雖然「每天都能做到讓自己快樂的事情」是時間管理的核心，但這件事情的本身可能就是最困難的。

出了社會的成年人，會說自己被生活、家庭、工作所迫，每天根本沒有時間做自己快樂的事。

還在求學的國中生、高中生，會說自己被學校的課業壓得喘不過氣，每天根本沒有時間做自己快樂的事。

本書序言裡那位讀者所談的十五歲少年每天時間的狀況，可以看出實際的擠壓根本沒有空隙可言。

但是換另一個角度看，也正是因為如此，所以如果我們陷入這種狀況，更必須設法實現「每天都能做到讓自己快樂的事情」。我們應該想一想：是否「每天都能做到讓自己快樂的事情」，才可以讓自己從日復一日的沉重壓力中找到脫困而出的可能？

在我認識的人裡，有一個實例。

中國已經去世的語言學家陳原，我聽他說過在文化大革命期間的經歷。當時他在政府部門裡擔任高階官員，白天要參加各種大會，接受批鬥，其他時間再處理繁重的行政事務。但是他每天在經歷過那麼大的高壓之後，回到家裡從晚上十點鐘開始，用三、四個小時研究世界語，後來卓然成家。

當時陳原每天的工作負擔不會小於任何一個今天的上班族或是國高中生，何況還面對批鬥大會中實際的生命危險，然而他硬是從研究世界語開始，「每天都能做到讓自己快樂的事情」，結果在長達十年的文化大革命結束後，自己也就開始了新的人生階段。

陳原的例子，還提醒我們一件事情，那就是工作時間需要區塊化。做讓自己快樂的事，固然需要區塊化，做自己不得已要做的事更需要區塊化。

把工作區塊化的作用有兩個。

第一個，是讓工作更有效。

陳原說他每天晚上十點開始的那三到四小時的工作區塊，完全吻合一些研究時間管理的人的主張。

我從一本書裡看到：從達爾文這種科學家到村上春樹這種小說家的作息習慣歸納，得出一個人一天最適合集中心力做一件事的時間長度，在三到四個小時左右。超過四小時以上，其實效果是下降的。也就是說，學習、工作的時間越加越長，不但不會提高工作效率，還會降低。

這三、四個小時，不論設定在清晨、晚上或其他時間都可以，但是有兩個重點：一，是中間不要被打斷；二，是不要間斷，日復一日地持續。

第二是這個區塊會自動接續。

我看小說家史蒂芬．金說過的一段話特別有意思：許多人以為創作靠靈感，所以生怕靈感來的時候不抓住就會流走，因而要一直不停地寫下去。但是他說，一旦養成固定的工作區塊時間，不會有這種情形發生。因為只要時間和習慣固定，靈感的繆斯女神就知道在什麼時間什麼地點找到你，她自然會出現。

不只小說創作如此。所有的事情也都會如此。

當然，十五歲左右，處於考試教育水深火熱中的少年會說：現在我怎麼可能每天有三小時自己的時間？

我只能說：如果有人在每天生命攸關的壓力下都可以找出那個時間，我們也可以試試看。

或者，還有一個辦法，就是每天可以從十五分鐘開始，用一小段時間集中心力做自己喜歡的事情。然後逐漸擴大到三十分鐘，再更多。如果我們真能持續下去，一定會從逐漸擴大這個工作區塊的時間。

（如何善用自己有限的時間，把「零錢」時間積蓄爲「整款」時間，另請參閱《尋找那本神奇的書》）

休息的技能和區塊

有「工作區塊」，就要有「休息區塊」。

大家都知道工作需要技能，其實，休息也需要技能。並且，如果想把工作的技能學好，必須懂得休息的技能。

十五歲的少年，還沒有開始工作，但是課業學習也是一種工作，所以也需要及早了解休息和工作的關係，懂得休息的技能。

我到很晚才讀到《用心休息》這本書，體會到休息的技能。

一般人很容易以為休息是恢復體力的疲勞，或者只要放下書本、不要工作，轉換一下心情就是休息，但真正的休息技能，就像工作的技能，需要持續地練習。

我們的大腦有兩個不同的區域發揮不同的作用。一個區域是用來處理需要快速聯結、反應的事情，和「理性」相關；另一個區域是用來處理和目前直接事務不相干，但相對深層的事情，和「直覺」相關。

我們之所以要把工作區塊化，就是不要迷信沒日沒夜地讀書、一直不停地工作就是好事，而要知道每天維持三到四個小時的工作區塊，超過那個長度反而會效益遞減。這才可以讓「理性」運作的效能最大化。

工作區塊之外，就是要有完整的休息區塊。這個休息區塊不只是休息體力，不是離開教室或工作崗位腦子裡卻還繼續翻騰著這些事情，也不只是看看電影、電視或玩玩遊戲來。

用心休息，是要讓自己的思緒跳脫原先一直在苦苦思索、記憶、聯結的事情，並且讓自己進入一種很自在，什麼事也沒做、沒發生也無所謂的狀態。所以西方人的傳統裡，長時間的散步是這種休息，欣賞藝術、音樂，甚至進入一種放空、發呆的狀態也都是。這種休息，才能讓大腦裡和「直覺」相關的區域能夠開始作用。這樣，深藏在我們潛意識的一些想法，在一個適當的時機跳出來，就會成為所謂的「靈感」，解決我們一直在工作區塊的「理性」中找不到答案的難題。

所以真正懂得工作的人，一定會維持工作區塊的完整，也維持休息區塊的完整。有了休息的區塊之後，工作區塊的作用也才會顯得更清楚。

最後，我再說一個也是比較晚才體會到的道理。

有一次我因為體力透支，去度了十天的假。結果發現十天之中前七天都繼續處於疲累到睡眠短暫，醒來也什麼都動彈不得的狀態，直到最後三天才比較說是可以享受休息。

換句話說，要持續疲睡二十四個小時，才有體力可以真正好好地睡三、四個小時；要在度假飯店裡癱睡七天，才有體力享受後面三天的休息。

所以，一般常講「休息才有體力」，但同樣重要的是「休息也需要體力」。否則，在前面那疲睡的二十四小時裡就中斷，或者在前面癱睡那七天裡就中斷，根本稱不上是休息。

處於考試教育壓力高峰的少年，要休息。

如果記住休息是需要體力的，那下次感到休息不好的時候，要注意是不是連休息的體力都沒有了。

別讓手機破壞時間區塊

不論我們怎麼規劃好自己的工作與休息時間區塊，今天遭遇最大的一個風險，就是這些工作與休息區塊會被手機所破壞。而一旦區塊被破壞，就沒有價值和作用了。

今年在歐洲，我有一次手機失而復得的經驗。當地的朋友聽我說了之後，都驚呼一聲，說那太可怕了。

今天掉了錢包或是電腦，好像都不會引起那麼多人的共鳴。一聽說丟掉手機，那種恐懼卻是每個人都感同身受。手機確實是今天我們每個人最隨身也最貼心的工具、夥伴，甚至可以說是伴侶。

我們不只重視手機，也因手機而上癮。這已經是全世界的現象。

美國前幾年做過一個調查，整理出一些美國人手機上癮的數據：將近百分之八十的人醒來半小時內就會查看手機，超過八成的人表示自己「幾乎醒著的所有時刻」，手機都擺在身旁。還有，百分之五十的人會半夜查看手機（二十五歲至三十四歲的人士則超過百分之七十五）。

並且有書籍和研究指出：手機之所以有這麼容易讓人上癮的情況，是因為設計手機、生產手機的公司，刻意把手機設計得使我們上癮。有趣的是，有位《紐約時報》的科技記者訪問蘋果公司的賈伯斯，他的小孩喜不喜歡 iPad。賈伯斯回答：「他們還沒用過，我們限制孩子在家中使用科技產品的時間。」

這位記者訪問比爾．蓋茲也一樣。他們家的孩子要到十四歲才准使用手機。

因為這位記者發現許多科技公司的執行長都「嚴格限制孩子看螢幕

的時間」，所以他認為這些人一定知道一些我們所不知道的事。

但是今天手機的使用如此便利，要大家節制使用，沒有那麼容易。何況是對國、高中生，在日常的課業壓力之下，手機太可能是一個舒壓的出口了。

然而，從體會到用心休息的價值之後，我發現手機最大的問題是：在我們應該全神貫注工作的時候，手機經常會披著協助工作的外衣，不停地破壞我們的專注力。譬如，查一個資料，卻突然看起YouTube上的什麼影片。

在我們應該徹底放鬆的時候，手機又經常披著娛樂或消遣的外衣，不停地破壞我們的完整休息。譬如，夜裡睡到一半也要爬起來看看手機。

所以我應對手機的原則也很簡單：先每天劃出自己重要的工作區塊

時間，和休息區塊時間；在這兩個區塊時間之內，絕不接觸手機。我先改變習慣，不把手機拿來當鬧鐘。這樣早上起來之後就不會先開始滑手機。然後在早上的工作時間區塊裡，就不使用手機。萬一有時候必須使用上網查什麼，也是查完就退出，不再使用。

然後就是晚上休息的區塊時間裡不使用手機。聽音樂、看電影、看書，但就是不使用手機。

其他中間的時間，尤其是零碎時間，我就不限制自己使用手機的用途。

發呆的時刻

得知休息區塊裡停止思索，發呆是一件重要的事，回想我十五歲的快樂，應該包含發呆。

我有夏夜的發呆，也有冬日的發呆。但是仔細檢視一下，發現夏夜的發呆都是在小學，我母親還在的時候。她會帶著我們在院子裡乘涼，我所有望著星空發呆，看著一個個獵戶星座、小熊星座的記憶，都是在小學的時候發生的。

冬日的發呆，都在中學。

冬天的韓國，要燒熱炕。屋外寒風呼嘯，屋裡炕頭熱烘烘的，圍著厚厚的棉被，有一種天地與我何干的踏實和溫暖。

北方，冬天日照的角度又特別不一樣。完全不同於其他季節的角度，有點斜。早上如此，午後也如此，雖然斜得不太一樣。早上的陽光從窗口照進來，斜的角度很高，所以只有一小道，光和影的對比也大。這也就使得飄浮在空氣中的塵縵顯得格外清楚。有的像是一絲絲，有的像是一片片。有的像是在上下浮動，有的像在前後移動。

明明那麼小，卻又那麼清晰可見，太神奇了。而它們緩緩移動，陽光也緩緩移動。只有掛鐘擺動的聲音，說它知道這移動的節奏。

冬天午後的陽光，則是斜得很慷慨。只要沒有風，我喜歡打開房門，在外間的木板鋪層上看顏色顯得黃澄澄的院子。那時候，我家還養一隻狗。是隻大狗，一條條的毛很粗硬。再暖和一點的時候，我就到院子裡和牠偎在一起曬太陽。或者，做做幾何。

開始的時候我不知道為什麼那個時候的太陽如此美好，後來知道「野人獻曝」的故事，大致體會。

大致十五歲左右，好像是我發呆的記憶所停止的階段。那以後，進了高中，生活裡的事情、人，都多太多了，就沒什麼發呆的時間。

當然，其後的階段，就更不必說了。

但人生越到後面，越感受到發呆真是一種難得的幸福。甚至，也是一種需要重新呼喚出來，重新需要具備的能力。如同前述，發呆是一種讓大腦停止思考的深層休息。

發過呆的人，最好能體會自己是怎麼進入那個狀態的。是因為到某個地方容易如此，還是因為看到什麼光影、聞到什麼氣味、聽到什麼聲音？

如果能記住這個門徑，就比較容易進入發呆的狀態，休息的狀態。

那是很大的享受。

現在我雖然不像少年時期有那些容易發呆的時刻，但是我到三十多歲學到一種「數息」的打坐方法，練習另一種讓自己停止思索的方法。

所謂「數息法」，就是計算自己呼吸次數的方法。呼第一次氣數一，呼第二次數二……一直到第十次。數到十就是一個循環，然後從頭再來。不要數到七、八就中斷，也不要不知不覺就數到十五、十六去了。總之，要清楚地每數到十就一個循環。從每次十五分鐘開始，每次能這樣持續一段時間。（也可以每吸一次氣數一下，但不要又數呼氣又數吸氣。）

數息法因為有在計算呼吸的次數，所以腦子並不是完全休息。但是因為所有的注意力都放在數呼吸的次數，因而其他的思緒會停頓下來。所以如果每天持續練習，每次時間也能逐漸加長到三十分鐘或一個小時，一定會體會到思緒休息的感受。

我覺得這也是一種發呆的方法。

生命數字與一個星期

如果有人實在被考試教育的壓力、工作的壓力麻痺到連自己有興趣的事情都感受不到，我建議不妨在一個星期裡，每天試著做些和當天數字有關的事。

我們再來看看前面談到的「生命數字」。

我們來細看一下各個數字的特質。

1的特質是：獨立與自信，對自己的需求敏感。

2的特質是：溝通與協調，對別人的需求敏感，並且對聲音也敏感。

3的特質是：創意與傳播，對文字與圖像敏感。

4的特質是：秩序與計畫，對數字與管理敏感。

5的特質是：熱情與浪漫，對自由和愛情敏感。
6的特質是：關懷與親密，對照顧他人，尤其是親人敏感。
7的特質是：孤獨與理性，喜愛打破砂鍋問到底的深層思考。
8的特質是：開創與財富，對金錢與財富的議題敏感。
9的特質是：夢想與希望，樂觀豁達，對人道議題敏感。

因此可以照著每天是星期幾，安排探索一下自己的興趣。

譬如說，星期一，就來做些和1有關，有助於自己獨立自信的事，包括鍛練自己的體能。

星期二，就做和2有關，聽音樂有關的事，或者聯繫一下久未相見的朋友。

星期三，就做和3有關，和寫作或繪畫相關，或者任何和創意相關的事。

星期四，就做和4有關，整理自己各種計畫的事。

星期五，就做和5有關，嘗試掙脫一些束縛，讓自己外放、歡樂的事。

星期六，就做和6有關，和家人相處，或者整理自己房間等居住的地方。

星期天，就做和7有關，也就是享受孤獨思索，或者和宗教信仰有關的事。

因為星期六和星期天自己可以用的時間比較多，所以可以分為上下午時段，把8和9相關的事包含進去。譬如，星期六早上是6，和家人相處，那麼下午就做些和 8 相關，花錢或者是管理自己金錢的事；星期天早上是7，體會宗教信仰，那麼下午就做些和9相關的事，也就是探索自己的希望和夢想。

當然，也可以就看每天的尾數數字是幾，就做和那個數字相關的事，到0的那天就休息一天。對某些人來說，這樣也許方便一些。

總之，我們可以每天都試探著做一些可以帶來不同樂趣的事。試探多了，就會發現其中某一兩天比較有特別的感覺，那就可以再根據這個喜好來展開新的時間管理設計。

譬如說，發現自己做起和聲音與音樂有關的事特別有感覺。那就可以進行一種深度的時間分配。

星期一，享受讓自己充滿信心的音樂。

星期二，設法把自己喜歡的音樂和別人分享。

星期三，學習、練習某種樂器，練習創作一些音樂，寫一些關於音樂的心得。

星期四，整理自己的唱片、ＣＤ、資料庫裡的音樂。

星期五，享受讓自己 High 起來的音樂。

星期六，早上和家人或親密的朋友一起聽音樂，下午再想想將來可以怎麼用音樂賺錢。（當然倒過來也可以。）

星期天，早上藉由音樂進行冥思默想，下午想想將來要去哪些音樂的經典地點旅行，或是求學。

如果是對繪畫、寫程式、寫小說感興趣，可以用上面的例子來代換思考一下。

我自己使用生命數字來協助管理時間，覺得很有幫助，所以在這裡也推薦給大家參考。

V

組合自己

人生最大的組合課題，
是如何組合各種感情，
如何組合自己的情緒與意識。

夢魘與低潮來的時候

談到現在，我們所有希望達到的事情，具備的能力，可能會一夕全無。

外來的任何力量都做不到這一點，只有我們自己會做到這一點。我們會因為自己情緒的低潮而毀滅自己所組合起來的一切。

如何走出低潮，實在是很難談的事。因為每個人不同，各人面對的問題不同，習慣的思維不同，所以到底如何走出低潮也會因人而異，很難有什麼準則。

但是我曾經有過一段夢魘的時間，後來發現一個破解夢魘的方法，覺得和如何走出低潮有相通之處，所以在這裡談一下。

那是我在讀大一的時候。

我在台大住新生南路側門進去的十一宿舍。那年上學期才正在期中考的階段，有天回宿舍，看到有人在燒紙錢，聽說有一位從馬來西亞來的僑生上吊自殺了。有人說是因為考試成績不好，有人說是因為感情問題。大家談論了一陣。

那位同學的房號和我的緊鄰，事實上因為單雙號之別，我們的寢室分居宿舍兩端，並不認識。考試期間，宿舍關燈之後大家都在餐廳裡讀書。那天晚上我離開餐廳的時候，往走廊另一頭張望了一眼，只覺森森然。

很奇怪地，從那天開始，我出現夢魘的情況。

很準時地，每天半夜三點的時候，我就出現夢魘。先是會突然醒來覺得毛髮直立，接著耳邊有強勁拍打的風聲，然後就覺得被什麼壓得全身沒法動彈。要掙扎好一陣子才能出脫。這下子麻煩的是：醒了之後就嚇得沒法睡了。連帶影響白天上課和考試。

我很快就想到這是否某人來找我。一天兩天持續地來，所以就在心裡默念：我們都是漂洋過海來台灣求學的僑生，大家應該互相理解一下。如果是我講話有什麼得罪的地方，請見諒；如果你有什麼委屈要告訴我的事情，請告訴我，而不要這樣一直來干擾我。

但是沒有用。

後來室友建議我換個床位睡睡看。所以我去房間斜對角，進門左手邊下鋪一位讀牙醫系的室友擠一起睡。

當天晚上睡到一半，我突然醒了。我聽到走廊從另一頭傳來清脆的皮鞋聲，有人來到了我們寢室門口。夜裡我們寢室門都是從裡頭反鎖的，但是那人卻一推就把房門推開，走廊上的頂燈把他照成一個看不清輪廓的黑影。

那個黑影顧盼自若地望了望房門右手斜對角我的床鋪，說了聲：「咦？郝明義去哪裡了？」然後他就轉過頭，往我的方向看過來，說：「噢，原來你在這裡啊。」

接著我又是毛髮直立，耳邊有強勁拍打的風聲，全身被壓得沒法動彈。等事情過後看時間，又是凌晨三點整。

換床既然也沒有用，我就又回自己床位。既然用求的沒有用，後來就用罵的「幹嘛要這樣干擾別人啊」等等。但都沒有用。

不過也因為頻頻遇上，後面也就不覺得害怕了。因為不害怕了，所以就開始想有沒有什麼破解之道。

最後被我發現了一個。

我發現，當全身被壓得不能動的時候，越是想用力地起來，反而越起不來。最有效的方法是，全身不能動，別理它，先試試右手（或左手）小拇指。動一動小拇指指尖，整根小拇指，然後逐個動一動緊鄰的無名指、中指、食指、大拇指。到這裡都可以動的話，就試著轉動一下右手。右手可以動，就再右手腕，就再右手肘、右臂。

最遲，到右臂可以畫圈圈的時候，身體就可以動了。身體可以動，就可以起來了。

我發現了這個竅門之後，那個夢魇就再也沒有出現了。

事實上，我發現這個方法可以應用到其他的夢魘上。譬如，工作的夢魘。

有時候，心情很低潮，工作積壓得很多，也會出現類似夢魘的情況，就是明知道應該起身解決的問題那麼多，但自己卻偏偏就是一動也不想動，或者，一動也動不了。像是大火都要燒上身了，卻只是躺在那裡一動也動不了。

經常，最後我都是用這一招破解的。

先不要急著處理那個最大條的問題。在待處理的工作清單裡，一定有比較小的。像右手小拇指那麼小的。

就從那一件開始做起。

解決了那一件，就再解決旁邊另一個比較小的。然後，由小而大地逐一解決，累積的工作快感、動能越來越大，最後就可以面對最大的魔王，正面解決它了。

這是我面對夢魘的方法。

也是我面對低潮的方法。

如何面對未知

人都有很多恐懼。常見的恐懼裡，有擔心失去自己珍愛的某種事物的恐懼。

另外，就是對未知的恐懼。

我們對自己走過的路，和已經明白的事情，像是在陽光下攤開來，看得清楚。即使曾經在那裡摔過一跤，也知道是怎麼回事，比較沒有那麼恐懼。

但是對於未知，自己沒走過的路，自己還沒經歷的事情，就像是面對一團巨大的黑暗。黑暗的本身，就比較容易讓我們恐懼。

但我總覺得，屬於未知的黑暗，應該是中性的。

像我前面所說，在我少年時期，最大的一次移動就是來台灣。來台灣到底要做什麼，我其實並不明白。很多人勸阻我不要來，包括如何料理自己生活的疑慮，我也沒有答案。

來台灣，對我是一個巨大的未知。而當我抵達台灣的第一天晚上，就看到了那個未知的黑暗。

那是一九七四年的九月。飛機經由日本福岡抵達松山機場，已經是夜裡。許多同一班機來的同學，有兄姐或親戚接走。我自己本來的計畫是直接去台大報到，但是因為時間已晚，又下雨，所以有一位同學邀請我當晚先去他姐夫家住一晚，第二天再去學校。

在他們去停車場開車過來的當兒，我在松山機場外面等候。我拄著拐杖，站在一盞路燈下。抬頭看，路燈上方的雨絲在不同地方有不同的落速。在路燈的一定高度的上方，雨絲是悠悠然地慢動作落下來；然而一落到那個高度之下，卻驟然快速撲面而來。悠然和驟然之間，好像是分斷，又好像是延續。往前看，燈外的世界，則一片黑暗。我覺得自己是在和那片黑暗對望。那片黑暗裡藏著種種的未知，但也躍動著新的可能。更奇異的是，不知為什麼，黑暗讓我感受到的不是被吞沒的恐懼，而是被擁抱的溫暖。

多年來，我一直說，黑暗曾經是那麼深沉又巨大，但卻只讓我感到溫暖與好奇，讓我感到被擁抱的印象，影響了其後四十多年我的性格。也因此常說，我的心理年齡一直停在十八歲。

但是後來有機會再回顧十五歲的階段，相信那是我先前發展的性格，讓我在十八歲那一年來台灣的那個晚上，對於黑暗有了那個感受。

應該是我一直對這個世界有種好奇與快樂的感受，所以遇到未知的黑暗的時候，才容易從黑暗中感受到不是被吞沒的恐懼，而是被擁抱的溫暖。

這種傾向，當然也有讓我吃到苦頭，摔過跤的時候，但基本上我十分慶幸自己有機會可以如此組合我對世界的認知。

這也是為什麼我寫這本書，是從好奇和快樂寫起。

為什麼需要管理念頭

國、高中階段的少年，等到出了社會工作，會發現一件事情：就是在職場上的工作能力，固然有一塊要看你的專業的技能，但是更重要的是你管理情緒的能力。並且隨著你的職位越高，管理情緒的能力就越發重要。

我很相信一句話：性格決定命運。某個人在某個情況下，硬是講出某些話，或是做出某些事，結果人生的路途產生了很大的變化。旁觀的人說：他不要說那些話，不要做那些事，不就沒事了？其他的人就會說：性格決定命運啊，他就是那種性格。

如果我們認為這句話成立的話，那麼就該承認：改變命運可以從改變性格下手。

換句話說，只要我們改變性格，就可以改變命運了。

那麼性格要怎麼改變？

一個人的性格，雖然受先天、後天、家庭、環境等諸多因素影響而形成，但最後形之於外的，是他許多行為的習慣。因為他習慣於在食、衣、住、行上有某些特定的喜惡，因為他碰上某種人、某些事情習慣於產生特定的反應，有特定的喜怒哀樂，這些習慣就被視為他的性格。

所以，改變性格，可以從改變習慣著手。

但是我們又受習慣的制約很大。俄羅斯心理學家巴甫洛夫，從狗聽到鈴噹聲就會習慣性流口水的實驗，證明「條件反射」的現象。其實，我們每個人都像那隻狗一樣，各有自己「條件反射」的行為，一聽到（或者看到）什麼，就會馬上習慣性做出某種反應。

如果我們不想被自己的習慣所制約，那就要從管理自己的念頭開始。

念頭是什麼？

念頭就是想法。想做什麼事情、想講什麼話的想法。這些想法，有些我們注意得到，有些根本注意不到。所謂「管理」念頭，就是讓我們對自己心裡冒出來的各種想法都能有所覺察，該停的讓它們停，該讓它們發展的則繼續發展。

有一個故事，講一個愛賭博的人。他愛賭，一輸再輸，把家產輸得差不多了，就發狠心說再也不賭了。為了表示決心，他說再賭一次就要砍掉一隻手指頭。可最後他還是硬把十根手指頭都輸掉，當然所有的家產也就敗光。

這個賭徒的故事，還不是最糟糕的。因為他最起碼是覺察到自己有受不了賭博誘惑的這個壞習慣，所以發誓如果抗拒不了就要砍一根手指頭。

他是覺察到自己習慣的問題，但是管理不了自己的念頭。更多的人，其實是連自己有問題的習慣都還沒有覺察到。甚至，有人還可能一直把自己有問題的習慣，當成自己得意的習慣。

要怎麼覺察自己的習慣？雖然因人而異，但如果能交上一些真心的朋友，或者願意聆聽親近家人的意見，還是有可能從他們那裡聽到他們的觀察。

但是怎麼覺察自己的念頭？這可是沒有任何人可以幫得上忙。一個人在什麼時刻會出現什麼想法，什麼念頭，只有他自己內心最清楚。沒有任何人在旁邊能覺察得到。

前面所說的那種「數息法」，其實是用來練習觀察、管理自己念頭的好方法。

為什麼這個方法可以用來觀察、管理自己的念頭？

很簡單，如果我們在十五分鐘時間裡，連數一到十這麼容易的事情都做不好，會中斷、會散亂，當然就知道自己的念頭有多麼難觀察和管理了。

我練習了三十年之後，到現在六十多歲雖然仍然左支右絀，但還是覺得受用很大，所以就寫在這裡請大家參考。

畢竟這是管理念頭，再習慣，再性格的一個起點，值得一試。

（對管理念頭有興趣的人，再請參閱《一隻牡羊的金剛經筆記》。）

感情的探索

人的念頭裡，最難管理的，就是和感情相關的。十五歲左右，也是各種感情念頭波濤最洶湧的時刻。

先是對異性的感情，那個時候清晰起來。在釜山，華僑人數本來就不多，小學、中學都是男女合校。小學五年級的時候，有個大姐頭一樣的女孩子搬來家附近，會玩在一起。十五歲之前，跟她像是青梅竹馬。就是在一起玩，熟了，久了，格外喜歡在一起玩，一起寫功課。

十五歲之後，到了高中階段的喜歡又不一樣。會牽腸掛肚，影響情緒翻騰，渴望和失落都是強烈的。

十五歲正好在兩者的分界點上。說是青澀真沒錯。

只是在那個時候，對如何對待自己喜歡的對象這件事，毫無概念。因為同學已經玩起指認誰喜歡誰的遊戲，所以怎麼否認別人的判斷，倒成了大事。

也因此，想起那個階段，固然有許多見到她就感到甜蜜的時刻，也有一些故意拿她開玩笑，用誇大訕笑來假裝自己沒有把她放在心上的時刻。說一些不必說的話，然後回家再懊惱。有一次她抬頭看了我一眼。那個眼神實在是到今天想起來都覺得很不好意思。

如果有機會再來一遍十五歲，一定不要再那樣。

有個自己喜歡的對象，是多麼可以值得高興的事，和大家分享的事才對。就算真不好意思承認，有人起哄就不承認也不否認，紅著臉微微一笑不是很好？

同性的友情，那個時候也開始進入激動的高峰。開始相信為了朋友要兩肋插刀，開始相信「朋友是手足，妻子是衣服」這種話，都是那個階段。

在我幾個特別要好的朋友裡，有一位喜歡這麼說明他和別人的交情：某人是值得把頭割下來送給他的、某人是值得砍一條胳臂送給他的。

和家人的親情，那個時候落在注意力的末端。

先是母親去世之後，一方面，我好像一直沒有覺得她離開我，另一方面，我把她忘了，所以那個階段我沒有因為母親而有什麼感情的起伏。

我和父親溝通的機會不多，聽得多的都是他一些叮囑。對剛要開始用自己的主張來探索世界的我來說，越來越不耐，甚至覺得囉嗦。所以因為父親而產生的感情起伏比較多，但卻是衝突居多。我在父親晚年和他有了和解的機會，在快四十歲的時候對母親的思念全部湧現。又要到再晚幾年之後，才終於明白父母給我的影響是什麼，以及跟他們的感情關聯是什麼。那是一段很漫長的周折。

有人希望我多談一些少年如何面對感情的事。回顧我自己的經驗，當時也是衝動居多。慶幸的是，那些衝動沒有造成難以彌補的傷害。

如果要有什麼建議，只能說「避免傷害」。不論我們置身於哪一種感情的波濤中，歡愉的時刻會高漲到天堂，痛苦的時候則到另一個極端。在血氣方剛的年紀，要說不讓感情的波濤起伏是不可能的。我們唯一能做的，只有提醒自己：不論任何情況的起伏，不要傷害別人，也不要傷害自己。

對感情的探索，本來就是我們探索這個世界的一個重要部份。但是其他探索的對象是物件、元素，一旦探索不順利、組合不成功，我們頂多另尋可能。

然而感情探索的對象卻是人，所以一旦感情的探索有挫折的時候，我們有可能會傷害對方，對方又可能反擊，造成連鎖反應的相互傷害。

所以，要避免傷害別人。任何傷害，不論言語或行為，都可能造成無法預測的滾動式傷害。

這是一個底線。

如何面對霸凌

霸凌，是有人類以來就有的。

霸凌，是個新說法，從英文翻譯過來的說法。其實，那就是欺負人。

以多欺少，一堆人聯合起來欺負一個人。

欺負可以是肢體上的，動手動腳，來給人身體上造成傷害；也可能是言語的，嘲諷謾罵，給人造成心理上的痛苦。

面對霸凌，就是要知道如何保護自己，如何知道透過各種管道來讓自己不要受到傷害。

這有外在的，向學校的老師申訴，告訴自己的父母。

這也有內在的，就是克服自己心理的恐懼和壓力。事實上，在面對霸凌這件事情上，內在遠比外在重要，克服不了自己心理的恐懼的話，往往根本就不敢把自己遭遇的事情告訴老師和父母。

不過，網路霸凌則是新有的。尤其在社群媒體發達之後。網路上的霸凌，只靠留言的文字的圖案，是沒法給我們身體上造成傷害的，但是那些嘲諷和謾罵卻可能因為來自網路上的四面八方，發言者的肆無忌憚，給很多人造成比實體世界更大的心理壓力和痛苦。

最極端的情況，大到自殺。二〇一八年年初，澳洲一名十四歲的少女模特兒，正是因為受不了太多所謂「酸民」的留言，選擇結束自己的生命。

其實，「酸民」也是從有人類存在以來就有的。

比較古典的「酸民」有兩種，一種是你做錯了什麼事，別人不想正面批評，因此轉個彎來說兩句；另一種是有人就是看你不順眼，不想動手就動嘴，因此講些所謂的風涼話。「酸」之為「酸」，正是因為目的就不是讓你痛，而是讓你酸，卻又因為別人不是正面說你，因此要反駁也無從接嘴。

到了網路上的社群媒體，「酸民」的範圍擴大了，直接正面說你的人，直接使用咒罵的人，直接造謠抹黑的人，都包括在內來了。這不是要人覺得酸了，這是要讓人痛苦了。

言語無形。但是言語給人的傷害，從來都可能很大。所以中文有「刀子口」的說法。出口的話像刀一樣鋒利。

而網路的厲害之處在於：過去我們在實體世界裡活動，最多只是招來我們身邊、鄰居、同學裡的刀子口，但是在網路上，卻是招來全世界的刀子口；過去，這些刀子口說了些什麼，我們經常是聽不到的，但是在網路上卻是字字清楚的。

招來這麼多刀子，受的傷害可以想像。

那要怎麼面對？

我覺得網路的出現，就是要我們真實。除非你不使用社群媒體這種東西，否則，一切就是要真實。有些事情，你可以選擇不要說出來，但只要說出來，那就必須是真實的。

因此，遇到酸民，我認為就是誠實以對。

如果我們說的話貼的圖真的有問題，是別人的提醒，那就趕快調整。

如果我們檢查自己的發言沒有問題，只是別人看不順眼，那就不必理會。

不認識的人固然如此，認識的人更是如此。

千萬不要花時間去爭辯。那是最浪費時間，無謂的事。

記得：網路上再多風浪，都只是在那個電腦或手機螢幕裡的事，你是隔鍵盤或按鍵，在那個螢幕之外的。

所以我說網路以及社群媒體在提醒我們真實的重要。

首先，我們要確認自己表達的是真實的自我。

別人的言語如果能提醒我們的言行有需要調整之處，就趕快調整。

如果別人說的根本就是誤解，那就隨他們去吧。

你只需要跳開那個視窗。

練習做抉擇

人生是個旅途的話，旅途上會不斷地面臨三叉路口，需要抉擇。

我們可以說，如果人生有最重要的一種能力，那就是抉擇的能力。

我們好奇、會追求快樂的事物如此之多，怎麼取捨，需要抉擇。

我們在不同的價值觀之間如何判斷輕重，如何建構自己的世界觀，需要抉擇。

我們需要學習的能力和課業如此之多，如何分配先後順序，需要抉擇。

我們一天二十四小時有限，如何管理時間，如何規劃工作和休息區塊，需要抉擇。

是抉擇決定了以上所有這些能力，也是以上所有這些能力形成抉擇的能力。

而我們所有的抉擇，都指向一個目的：如何讓自己在面臨三叉路口的時候不會選擇錯誤，徒然製造倒退或浪費；如何在三叉路口不起眼的藤草雜蔓中，看出躲藏其後的發光發亮的機會，不至於一晃而過。

這需要練習。

所以會有兩個原則。

第一，是不必抉擇的事情就別浪費精力去抉擇。

許多領域傑出的人士讓自己的生活節奏和內容維持單一，譬如賈伯斯永遠一襲黑T袖和牛仔褲、鈴木一朗永遠只吃他太太做的咖哩便當，都是不想在食衣住行這種日常瑣事上浪費自己抉擇的心力和時間，只在自己重視的事情上保持最高的抉擇敏感度。

永遠把最好、最充裕的心神狀態留給最重要事物的抉擇。

第二，練習抉擇的時候，重點不在知道自己要選擇什麼，而在知道自己不要什麼。知道自己不要什麼，那麼再多事物在眼前晃過，都會絲毫不為所動。而一旦自己需要的事物出現時，即使一閃而過，都會立即一撲而上。

有人聽我說「知道自己不要什麼」的重要，提出一個疑問：「知道自己要什麼，不正是最理想的情況嗎？為什麼要強調知道自己不要什麼的重要？」

當然，如果我們真正知道自己要什麼，那麼所有其他的都是不要的，就不需要強調自己不要什麼了。

但現實是，我們很可能並不知道自己到底真正要的什麼。很多時候，我們都容易覺得這個也不錯，那個也還可以。但是如果每樣東西閃過眼前都要想一下這是不是我所需要的，那可能一來精疲力竭，二來會和真正重要的失之交臂。結果明明是我們一直在等待的一個機會，但是因為前面花心力辨認其他的事情太耗神，太疲累，所以晃神而沒有覺察。也可能，看著機會的到來也繼續發楞，結果錯過。

那我們又如何才能知道什麼是自己所不要的？

這時候，那些價值觀的夜明珠就有作用了。

我們相信的價值觀會拉出一條底線。我的做法是：看來再誘人的機會，只要一旦和價值觀有衝突，那就不是我所要的。不符合價值觀的，就不必選擇。

當然，很清楚知道自己方向或目的地，有夢想的水晶球的人，也可以用那個來當淘汰標準。只要和自己的方向或目的地無關，就不必選擇。但前提是：我們已經很清楚地自己的方向或目的地。用去除法刪去自己不需要的，對一些手上沒有水晶球，但卻有夜明珠的人，可能特別有參考價值。

然而，不論我們如何抉擇，在我們成長的路上，難免有誤判、錯失的時候。

有時候，這種誤判和錯失所影響的不大，倒還好；有時候，影響可能很大，可能是錯過就很難說下次又是何時才可能遇上的機會。

這時我們免不了懊惱、悔恨。

但，悔恨是最容易擊倒我們的事情。

千萬不要讓這件事情發生。

不要被悔恨擊倒

抉擇錯誤，有時候，會幸運地及時發現，只是讓你回想起來一身冷汗；有時候，有些關鍵抉擇，一錯就駟馬難追。

這時很多人會覺得此生再也沒有第二次這種機會，痛不欲生。有人這時會想要補救，為了挽回自己覺得千載難逢的這個機會，一切原則、是非都丟在腦後，什麼奇怪的事情都做得出來。結果，名之曰補救，其實只是給自己造成更大的創傷。

有人這時會懊悔，不斷地在腦海裡重播犯錯的場面，惋惜自己錯失的機會，一層又一層地加深悔恨，以至於心神頹喪。結果，只能在那個三叉路口徘徊、蹲坐，完全忘記那只是人生諸多三叉路口中的一個而已。

如果我們當真相信人生是一趟旅途，旅途中要經過不斷的三叉路口的抉擇的話，那就應該相信：走這趟旅途最重要的是知道我們的方向，最後可以抵達目的地，在路上任何路口選擇錯誤，也許會浪費我們較多的時間，也許會讓我們走更迂迴的路，但只要我們知道自己的方向，那些都是次要的。

甚至，只要記著方向，等年紀再大一些，經歷的事情再更多一些之後就會發現：往往選錯的那個路口接下來又會發生些新奇的事情，會讓你從另一條路接上你錯過的那條路。

這和高速公路上錯過一個交流道沒什麼好緊張的是同樣的道理。在高速公路上我們知道有其他路口可以繞回來，所以不容易慌。在人生的路上我們不知道到底有什麼路口，但要相信一定有。

所以千萬不要讓悔恨擊垮自己。

中文有「懺悔」兩字。

一般我們想到懺悔，大多會想到悔不當初。因此在出了錯之後，泰半時間用來痛哭流涕，呼天搶地，於是一來根本沒仔細檢討自己的過失，二來也根本沒有避免再犯的能力。事過境遷之後，歷史就一再重演。下次到另一個交叉路口，仍然會看不清而錯過。

但是我看過對「懺悔」有個動人的解釋：懺，就是知道自己過失所在；悔，就是從此不再重犯。如此而已。所以，真正「懺悔」的人，對於自己犯了錯誤，尤其在抉擇上犯了錯誤，頂多就是會講兩個字：一個是「啊」，明白了剛才自己是哪裡思慮、注意不周，犯了錯誤；另一個是「好」，給自己打一下氣，提醒自己下次遇到這種情況，不再犯這種錯誤。

這樣，我們就可以在人生的路上一直朝自己的方向前行。

或者，即使在還不知道方向的情況下，一直倚靠價值觀走下去。

對於雖然還不知道自己人生的方向，但是有自己價值觀的人來說，沒有什麼好慌亂的。

如果錯過自己覺得不該錯過的三叉路口，就坦然以對。因為反正還在繼續探索方向，所以應該敞開心胸，迎接接下來路上的風光。原先以為必須選擇的那個路口，很可能只是錯覺；接下來的路途，才可能讓你恍然大悟自己要去的方向。

真正如此相信，就不會被悔恨擊倒。

探索意識

不知道你是否相信「潛意識」。

和「潛意識」相對的是「表面意識」。表面意識，就是我們透過眼睛、耳朵、鼻子、嘴巴、身體、心念這六種感受的途徑，形成對自己內在、外在，整個世界的認知。

有人認為這就是意識的全部了。所以我們要改善、調整的，就是如何更靈敏、更完整地使用那六種感受的途徑。

但另外有些人認為不只如此。他們認為對這六種感受途徑的體會，都只是表面的，底層還有更巨大的意識在作用。譬如當我們在睡眠的時候，雖然無法感受表面的意識，但是底層的意識還是在繼續運作。因此這個底層意識就叫作潛意識。夢境的出現，就是潛意識的一種證明。

所以有一種形容的說法是：潛意識像一種冰山的話，表面意識只是我們清醒的時候露出水面的一角。

但潛意識這座冰山到底有多大，又有不同的說法。最大的說法，就是每個人的潛意識都是相連的。不只是地球上現有的六十億人的潛意識都是相連的，連一切其他生命的潛意識也相連。

我不知道這潛意識到底有多大，但我相信確實有潛意識的存在。也相信我們除了要努力開發、改善表面意識之外，也需要開發潛意識這個隱藏的巨大的寶藏。

探討如何開發潛意識的理論和書籍很多，及早探索一下是好事。

我是到三十多歲開始的，使用禪宗打坐的方法。

表面意識清醒的時候，我們無時無不刻不被自己眼、耳、鼻、舌、身、意的六覺的感受所刺激，思緒紛飛雜亂，念頭此起彼落。所以我們名之為意識清醒，其實是極其雜亂地清醒。甚至也可以說，雜亂地清醒到昏頭的地步。

而前面談的數息法這種打坐，目的是藉由我們把注意力都集中到數一到十上，從而降低表面意識的此起彼落。這樣，藉由表面意識的活動趨向於停頓，潛意識就有機會開始活動，發生作用。

從這個角度看，我們可以知道閱讀紙本書籍的另一層意義和作用。前面，我說過相對於網路和數位閱讀，紙本書籍代表的是一種陰性閱讀，一種安靜、沉澱、孤獨的閱讀。

不論是使用電腦或手機進行網路上的閱讀，太多聲光的刺激，一路不斷地把我們的表面意識往外擴散。

相對地，紙本書閱讀是藉由我們對書裡文字或圖像安靜的閱讀，逐漸降低其他表面意識的活動，一路逐漸把我們的表面意識往內聚斂。

因此，我相信閱讀紙本書籍是幫助我們進入一種「類打坐」的經驗，也是幫助我們探索潛意識的一個途徑。

潛意識與表面意識

怎麼利用潛意識的理論和書籍很多，我來介紹一位約瑟夫・摩菲（Joseph Murphy）的說法。

摩菲是一位牧師，但是他對各門宗教都開放心胸地研究，並且對《易經》和潛意識等也都下過很深的工夫。

他提出了一個人為什麼可以「心想事成」的解釋，以及方法。

摩菲把人的潛意識形容為一片土地。

這片土地不唯廣大無垠，還極其肥沃，因此必定會種瓜得瓜，種豆得豆，端看「表面意識」給它種下的種子是什麼，以及種下之後如何灌溉。

一般人不知道「潛意識」土地的作用，也不知道「表面意識」撒種的作用，因此整天只會漫無目的地地撒下無謂的種子，沒有意義的種子，任憑土地亂長、錯長許多東西，而不知善加利用「表面意識」種下有用的種子，並善加灌溉。

至於有些人為什麼知道利用「表面意識」下種，也知道要加以灌溉，卻仍然沒法心想事成呢？約瑟夫．摩菲說，這可能出於兩個原因：一是信心不足，二是用力太過。

摩菲還舉過一個開車的例子，生動有趣。

他說，「表面意識」像是一輛車的主人，「潛意識」則像是一個司機，可以駕駛車子到任何你想去的目的地。

「心想」，就是我們表面意識想的事情，也就是你告訴司機要去的地方；「事成」，則是我們的潛意識開始日夜二十四小時沒有任何休息地趕路，把你載到想去的地方。

如果你問：那為什麼我經常「心想」很多事情，但是卻沒看到「事成」呢？

照摩菲的回答，這是因為我們可能犯了三個錯誤：

第一，告訴司機要去什麼地方的時候，說得不夠清楚。

譬如，我們不能只是想「進入一所好大學」而已。這太籠統了，就好像我們不能只告訴司機要去台北市東區而已。我們得告訴他要去忠孝東路幾段幾號，他才能準確地送你到要去的地方。否則，車子往往只是在路上來回晃蕩而已。

第二，告訴司機地點之後，不能再三改變要去的目的地。

很多人「心想」了一件事情之後，還會想很多事實上與之矛盾的事情。這就好像告訴司機要去忠孝東路之後，又告訴他要去淡水，要去新店，讓他疲於奔命。

第三，可能不夠相信司機。

司機本來有自己的路可以到達忠孝東路我們要去的地方。我們信任潛意識，他就會載我們過去。但是坐在後座的表面意識，往往過了一會兒，自覺得離忠孝東路越來越遠，會不斷地急切地下指令，甚至自己搶到前座來開車，根本不給司機，也就是潛意識開車的機會。因而摩菲建議要想恰如其分地讓「表面意識」與「潛意識」溝通，最好的方法與時機是每天晚上睡前，以及每天早上剛醒來的那幾分鐘，平靜但是沒有動搖地重複自己想要達成的事情（那個目的地），然後就把駕駛的任務交付給潛意識去進行。

總之，摩菲的理論，有兩個基本要點：

第一，每個人有所祈求的時候，與其訴諸外在的神明，不如回歸自己的內心。

這個內心是由「表面意識」與「潛意識」兩種意識所組成，如果能善用這兩種意識相互的作用和力量，就可以心想事成。

第二，善用「表面意識」與「潛意識」之道，就是讓自己的「表面意識」保持和諧、安定與正向，然後把自己想要達成的事情和目標，平靜但充滿信心地交付給「潛意識」去執行。

在我們需要保持好奇，學習組合的各種事物裡，何不注意一下「表面意識」與「潛意識」的組合。

信心不是幫我們從黑暗走向光明

在成長的過程中，雖然我們許多時候會感覺到自己的努力都有回報，事情在逐步往更光明的方向推展，但，還是有些時候，我們會發現，自己的努力沒有得到任何回應，事情不但沒有往更光明的方向前進，反而變得更黑暗了。

甚至有時候，我們肯定自己是永遠走不出這無邊無際的黑暗了。我們已經使盡渾身解數，已經奮鬥到自己所有的氣力都已放盡，但是，沒有感受到環境有任何一丁點變化的跡象，深沉的黑暗沒有一丁點聲音或光線。

這個時候，大家都會提到信心。我們很常聽到一句話是：「信心可以幫我們從黑暗走向光明。」

然而，這句話只講對了一半。信心幫我們從黑暗走向光明，並不是天亮一樣的事。只要等時間過去得夠久了，天就逐漸亮了。我們遇到挫折或打擊的時候，很可能隨著時間過去，不但看不到絲毫遠方微弱的光亮，甚至，黑暗的濃度還在逐步加深。

所以這句話應該還有另一半：「信心更可以幫我們從一個黑暗走進另一個更深的黑暗。」

只有我們從伸手不見五指的黑暗走進連時間都要靜止的黑暗的時候，才能真正體會我們為什麼需要信心，以及信心可以幫我們做到什麼。

那到底什麼是信心？

是我們的能力和專長嗎？任何能力都有不足的時候。
是我們的夢想嗎？夢想可能有模糊的時候。
是我們的價值觀嗎？價值觀可能有動搖的時候。
是我們的樂觀嗎？樂觀有轉化為悲觀的時候。

以我的經驗來看，信心是以上所有的組合，但還要再加上其他元素。有人可能要加上對一種聖賢之志的堅持，有人可能要加上對某種宗教的信仰，有人可能其他。

也因此，我認為人生成長過程中學習各種組合，最重要的目的就是要組合出「信心」。

當我們組合出這種「信心」的時候，信心可以幫我們從黑暗走向光明，更可以幫我們走一個黑暗走進另一個黑暗。

我們會忘記是否即將看到光亮的等待；

我們會忘記無邊無盡的黑暗的壓力；

我們會忘記是否墜落萬丈懸崖的恐懼。

也正因為等待、壓力、恐懼都不在我們的心上，所以我們的步伐才會穩定，繼續往前探索，繼續成長。

信心的組合，也因人而異。

祝大家各自找到屬於自己的信心組合。

結語

畫出自己的組合循環圖

我的三張組合循環圖

寫到這裡，這本書談的是人生和「組合」的關係、有哪些需要注意的「組合」。

每個人有不同的注意焦點，所以各人關心的「組合」也不同。我寫的都是我注意的。寫出來，固然是希望這些組合的內容可以給大家參考，但更希望讀者可以整理一下自己關心哪些不同的組合，思考那些組合對各自的意義。

接下來在結語的部份，我想談的是我怎麼安排這些組合的循環。同樣的，這些循環給大家參考，但更希望每個人能思考各自的循環是什麼。

循環的順序，固然因人而異，也因時而異。一個人在不同的年齡階段重視的事情不同，循環的順序自然也會不同。

這個循環之發展，可以歸納為四個重點：

不同的年齡階段，注意不同的組合元素。隨關心程度的不同，有大有小。

各個組合元素開始的時候很散亂，隨著年齡成長，一些持續注意的組合元素會聚合成一些有關聯的組合。

配合成長需求，有些組合會形成一個循環順序，供應成長的動力。

循環順序越自然，越能前後呼應，產生的動力也就越大。

不同年齡階段的成長需求不同，所以循環裡的組合可能改變，順序可能重組，起動點也會不同。

我畫了三個圖，來說明一下自己的經驗。

圖一是我十五歲左右的循環順序。這個階段我成長的需求就是將來要去台灣。循環的主要組合就是「好奇／快樂」、「閱讀」、「移動」。

「閱讀」指的是讀小說等課外讀物。「學業」上雖然也要讀教科書和少部份的參考書，但壓力沒那麼大，所以我畫在附屬於「閱讀」的外緣。當時我們進大學還是透過聯考，真正的考試壓力都集中在高三那一年。中學其他時間相對是輕鬆的，自己安排的空間很大。那個階段雖然有關心「夢想」、「方向」，但不清楚。雖然也知道「勇氣」、「誠實」的重要，但還沒意識到形成價值觀。這些都還沒納入循環之中。

圖二是二十八歲左右，已經出社會工作，成為中階主管。這個階段我成長的需求是要有更挑戰性的工作。循環的主要組合就是「好奇／快樂」、「閱讀」、「價值觀」、「工作」。

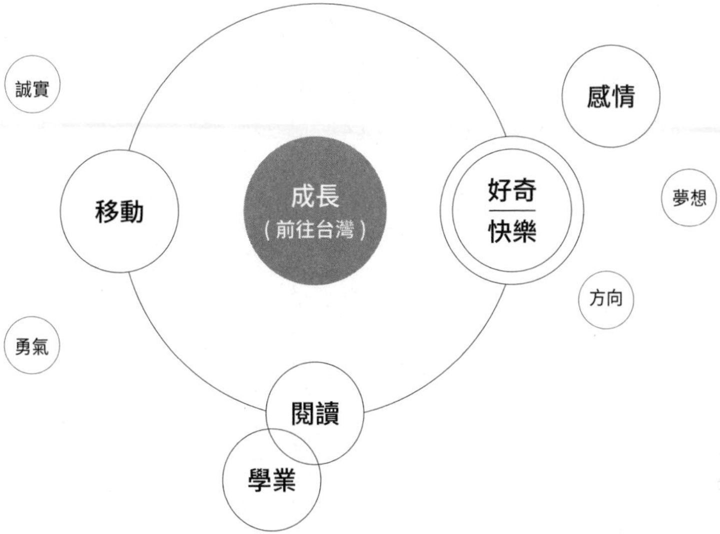

圖一 十五歲左右的階段

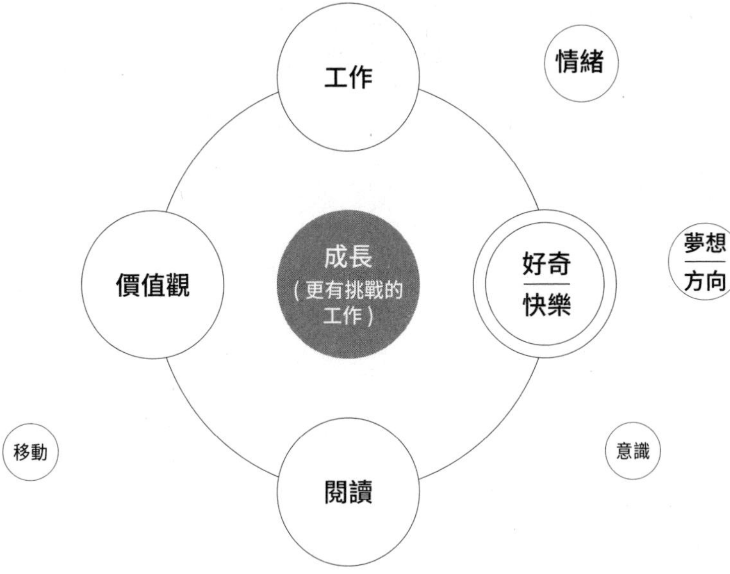

圖二 二十八歲左右的階段

因為生活、工作都比較穩定了，所以「移動」挪出了循環之外。當時我還是沒有找到自己的「夢想」，不過已經把「夢想」和「方向」形成組合。「情緒」、「意識」進入注意範圍之內，但還沒成為組合。

圖三是四十歲及之後很長一段時間。這時我已經有佛教的宗教信仰，形成了對「情緒／意識」這個組合的注意。我也知道了出版就是我人生的「夢想／方向」。所以這兩者都進入了我的循環順序之中。這個階段因為受到我的宗教信仰所影響，所以我的成長需求是如何讓自己腦袋裡想的、嘴巴裡說的、實際行為所做的事趨向一致。「休息」的元素進入我的注意範圍之內，但是並沒有進入循環順序之中。

即使同一個循環順序，圖形的畫法不同，可能也有不同的作用。所以，這個階段的組合循環圖可以畫成圖三A，也可以畫成圖三

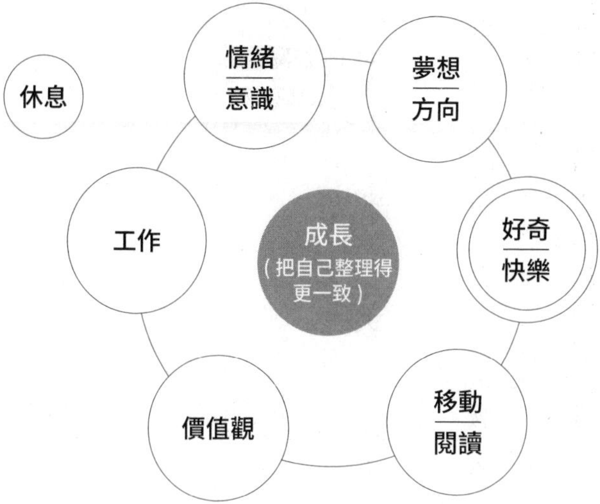

圖三A 四十歲及其後一段時間的階段

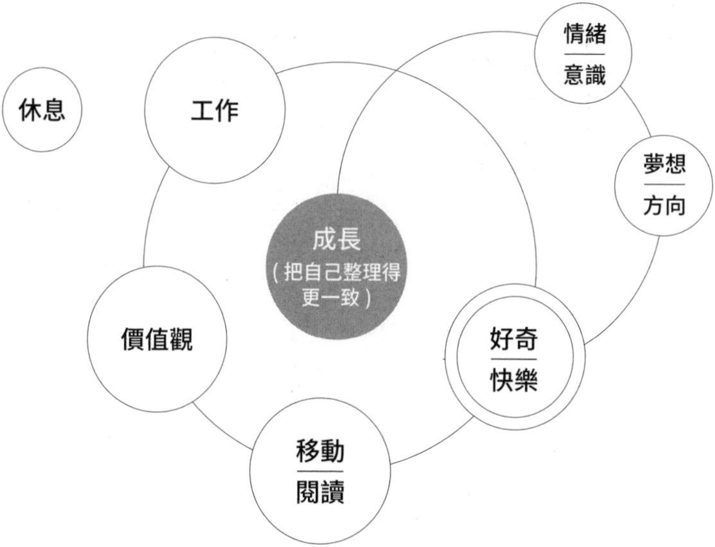

圖三B 四十歲及其後一段時間的階段

B。圖三B是特別重視「情緒／意識」和「夢想／方向」這兩個組合的互動，所以拉出來另成一個循環。畫法不同，在自己心中的印象和作用也不同。

大家應該看得出來，雖然我各個階段的循環順序圖有變化，但是起動點始終沒變，那就是「好奇／快樂」。我一直相信人生的起源在此，所有事情的起動點也在此。「財富」我一直沒有特別當一個組合，因為我相信只要自己成長，那應該是自然而然發生的事。

但這只是我的認為，我的人生經驗。不同的人一定有不同的看法。所以如我前面所說，我把這些圖畫出來，主要是希望讀者思考一下每個人各自的組合循環圖長什麼樣子，可以如何進行調整。

不要在太空時代學習鑽木取火

今天許多十五歲左右的少年，所置身的情景如何？

用我前面畫的組合循環圖來做一個對比，可能比較清楚。

他們的時代和環境裡，可以注意到的元素太多、太豐富，但是他們成長的動力和學習的循環順序，卻被安排得太單調、太枯燥，也和環境太脫節。

以前言裡那位寫信給我，今年十六歲的讀者所說，並且也是我所看到的情況，他們的組合循環圖可以畫成像圖四這樣。

他們的學習循環順序只有「教科書」、「參考書」、「補習」、「考試」；他們的成長動力只有「進入好的高中」。他們像是被關進考試教育的集中營。

我不必再一一細談這些問題的嚴重性。光是從圖四，就可以看出一些現象。

今天每個人身邊、手邊都有無窮的各式各樣的積木可以組合；我們想學習任何組合都有人可以分享心得；我們可以從學習、生活、工作連上世界，又可以從世界拉回學習、生活、工作……無窮無盡的組合可能，學習和創造的可能，在身邊浮動、綿延。

國、高中六年時間，是少年心智成長幅度最大的階段，應該及早適應並運用這個時空環境的資源和機會，但是在我們的考試教育之下，學生卻像是只被要求記住一塊積木有六個面，要把積木的使用手冊上的每一句話都背誦下來，一個字一個標點符號都不能漏。

少年時期最需要的移動和閱讀，在集中營裡正好是被封鎖得最厲害

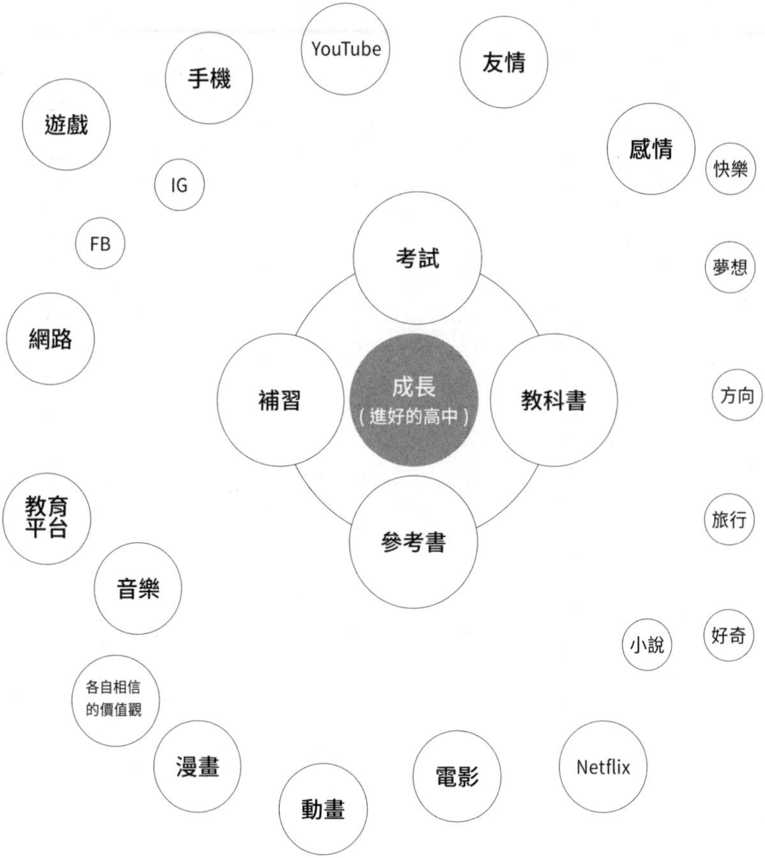

圖四　今天許多十五歲少年的處境

的。精神上，學生被封鎖在教科書、參考書裡；身體上，也被封鎖在教室裡。到了要準備進大學的考試的時候，有些學校不還用鐵鍊把教室走道都鎖起來？

很多父母會告訴孩子：多忍耐一下，等你進了一所好大學之後，你就可以想怎麼就怎麼了。

但他們不知道，孩子忍受這關鍵六年的折磨，產生的問題有多大。

最嚴重的，應該是太空時代學習鑽木取火的錯亂。

今天的時空環境像是太空時代。孩子在學校教育之外可以接觸到的各種知識、娛樂，無奇不有。完全不同於過去的時代。

而今天的國高中考試教育，只以背誦、記憶教科書、參考書內容為主的體制，卻像是在要大家繼續學習鑽木取火。

許多父母很焦慮。他們為孩子本身的問題而焦慮，又為孩子本身的焦慮再產生焦慮。這很像是一方面在擔心孩子適應不了太空時代的環境和變化，一方卻又力度越加越大地要求孩子在學校裡學習鑽木取火。

這會產生許多學習的錯亂、認知的錯亂。

即使沒有錯亂的問題，也可能延後成長的時間。

國、高中階段長達六年沒有練習自己探索這個世界的能力，到了下一個階段本應該進行更複雜組合的時候，當然可能更會手忙腳亂。

也可能持續受到一些後遺症的影響。

譬如，前面我說文字語言和圖像語言像是閱讀的兩條腿。但文字語言的右腿，在考試壓力不斷反覆加大的舉重訓練之下，不是搞到肌腱斷裂就是肌肉拉傷；圖像語言的左腿，又從小學高年級之後就過橋拆圖，任其萎縮。兩腿都受傷，接下來就算等到可以自由移動的機會，他們又怎麼行走？

很多父母為了孩子不愛閱讀而擔憂，但是在雙腿受傷或萎縮的狀況下，他們怎麼可能會享受閱讀的樂趣？

正因為世界變化太大了，不再是許多父母自己成長時候的世界，所以更應該給正在發育期的孩子一些自己成長的機會，由他自己發展對世界認知，探索也組合世界的機會。如果他們能感受到成長的喜悅和心得，就會自己去面對壓力，找到出路。

你自己的組合循環圖

學校教育和我們生活的世界之脫節，並不是今天只發生在台灣的事。

一百多年前，有一位美國教育家杜威（John Dewey）寫了一本書《民主與教育》，指出許多學校教育的盲點。

我印象最深刻的有兩點。

一是他說學校教育太過為了學生的「未來」做準備，卻忘了教育本身的過程就是目的，應該和孩子眼前的生活相結合。也因為教育沒有和生活結合，所以學校的教材往往另外形成一個學生陌生的世界，強壓在他們個人生活的世界上面。

一是他說教育者往往是以他「自己的」目標來當作孩子應有的成長目標，這和農人不考慮土地的條件就定下收成的目標是一樣荒唐。

而學生在這個目標之下唯一的要務卻是，為了學校所定的目標，為了上課、考試、升級，強學一些陌生世界裡的東西，自己不感興趣的東西。

如果一百年多年前的美國學校教育和父母的許多觀念就出現這些問題，今天在台灣我們在考試教育扭曲得如此嚴重的制度下所遭遇的問題顯然更嚴重。

但問題不管如何糾結，最後的鑰匙，我相信還是在十五歲少年自己的身上。

首先，我們應該知道，這是我們自己的人生。

正因為學校教育和實際的世界脫節得太大，所以只能自己努力看清目前的處境，無論如何要有自己好奇、探索的事物，設法形成一個有助於自己成長的組合循環，完全有別於「教科書—參考書—補習—考試」的那一攤死水。

這件事情的起動點，可以從自己最好奇和快樂的事情開始，所以不應該感到壓力和畏懼。

第二，唯一可以說服父母改變觀念，給一些成長空間和機會的，只有我們自己。我們應該建立一個有助於自己成長的組合循環，找個適當的機會讓他們了解，讓他們知道我們準備如何探索這個世界。我父親當年也曾懷疑過我怎麼可能一個人去台灣。我說服了他。這是值得一試的事。

所以最後這裡有一個空白的組合循環圖，試試看你會怎麼畫這個組合圖。

這裡圖裡外圍的圓圈，是你現在對生活環境裡關心，或者好奇，或者感到快樂的一些事物元素。隨關心程度的不同，有大有小。

各個元素可能很散亂，請盡可能聚合成一些有關聯的組合。其中一些自己特別注意，覺得特別重要的組合，就放進圖中央的組合循環裡面。這個空白圖裡，我先列了四個，但也可能是兩個、三個或五個，看你自己的情況。

不管是幾個，放進循環的那幾個組合，要仔細體會如何安排出先後順序。有雙圈的那一個，表示第一個啟動點，其他的順時鐘安排順序。

安排先後順序的時候，應該是自然的、快樂的。越自然就越能前後呼應，越快樂就越願意繼續循環。產生的循環動力也就越大，有助於我們的成長。

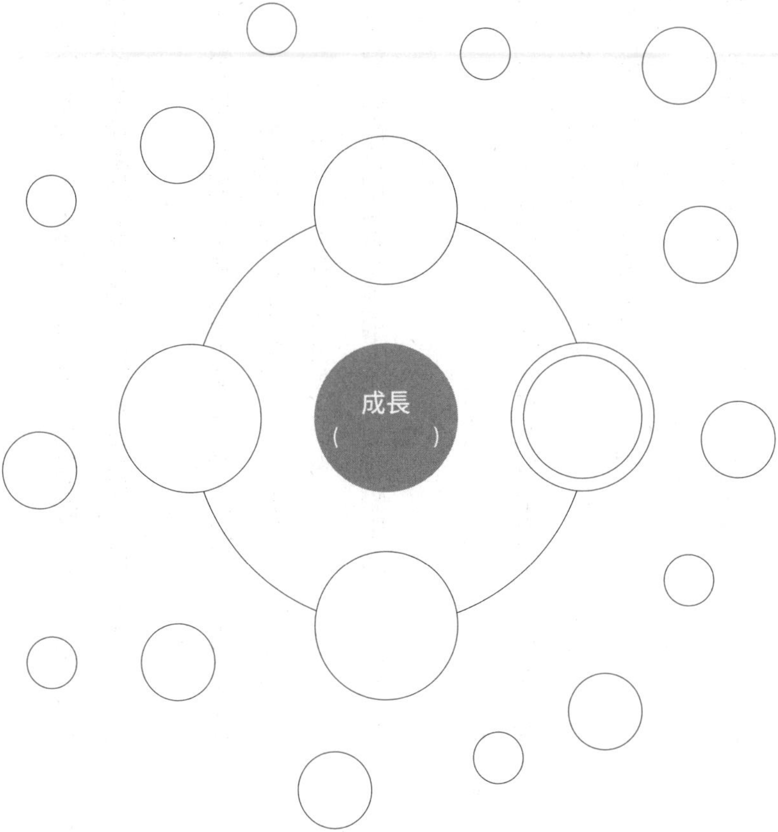

圖五 你的組合循環圖

核心的成長需求可以先設好，再來看這個循環順序如何安排。但也可以先安排循環順序，最後體會自己希望的成長需求是什麼。

不同年齡階段，我們對生活環境裡關心、好奇的事物會不同，成長需求也不同，所以每過一個年齡階段，就重新調整一下外圍的元素，重新組合它們，也重新調整組合循環。

前後不同年齡階段的組合循環圖，應該有持續的組合，也應該有新加入的組合。

也因此，這個圖不只是給十五歲的少年使用。生理年齡遠超過十五歲階段的人也同樣可以使用，來檢查一下自己關心、好奇的事物，如何組合出推動自己成長的循環。

就從現在開始試試吧。

一個人知道自己適合做什麼，而且得到伸展志趣的機會，才是他獲得幸福的關鍵。

——約翰．杜威（John Dewey）

如果我十五歲 / 郝明義著 . -- 初版 . -- 臺北市 : 網路與書出版 : 大塊文化發行 , 2019.01
240 面 ; 13*18 公分 (FOR2; 39)
ISBN 978-986-96168-5-0(平裝)
1. 生活指導
177.2 107022240